HEYNE <

Von Peter V. Brett sind im
WILHELM HEYNE VERLAG
erschienen:

DIE DÄMONENSAGA

Das Lied der Dunkelheit
Das Flüstern der Nacht
Die Flammen der Dämmerung
Der Thron der Finsternis
Das Leuchten der Magie
Die Stimmen des Abgrunds

Der große Basar
Das Erbe des Kuriers
Selias Geheimnis

PETER V. BRETT

Eine Erzählung aus der Welt des
Fantasy-Bestsellers
»Das Lied der Dunkelheit«

Deutsche Erstausgabe

WILHELM HEYNE VERLAG
MÜNCHEN

Titel der amerikanischen Originalausgabe
BARREN
Deutsche Übersetzung von Ingrid Herrmann-Nytko

Sollte diese Publikation Links auf Webseiten Dritter enthalten, so übernehmen wir für deren Inhalte keine Haftung, da wir uns diese nicht zu eigen machen, sondern lediglich auf deren Stand zum Zeitpunkt der Erstveröffentlichung verweisen.

Verlagsgruppe Random House FSC® N001967

2. Auflage
Deutsche Erstausgabe 10/2018
Redaktion: Charlotte Lungstrass

Printed in Germany
Illustrationen: Lauren Cannon
Karte: Andreas Hancock
Umschlaggestaltung: Nele Schütz Design, München
Satz: Schaber Datentechnik, Austria
Druck und Bindung: GGP Media GmbH, Pößneck

ISBN: 978-3-453-31970-7

Inhalt

Für John Brett, Jr.
1970 – 1997

Es wird leichter, aber es wird nie leicht.

»Ich weiß, wie sehr Kuriere jetzt gebraucht werden, Leesha.« Rennas Stimme klang ungewöhnlich ängstlich. »Aber wenn du einen nach Tibbets Bach schicken könntest …«

»Gleich nach dem Angriff haben wir einen losgeschickt«, sagte Leesha. »Aber es ist ein weiter Weg, selbst wenn das Pferd versiegelte Hufeisen trägt.«

Renna gab einen brummenden Laut von sich. »Das weiß ich selbst. Vor dem nächsten Neumond brauchst du gar nicht mit einer Antwort zu rechnen.«

Abermals klapperten die Würfel.

Inevera atmete tief durch. »Ich sehe ein Dorf, dessen Bewohner sich wie Marionetten bewegen, und ein Dämon zieht an den Fäden. Ich sehe, wie der Bruder seine Schwester umbringt, und wie der Vater den eigenen Sohn tötet. Ich sehe eine leere Wiege.«

1

Das Großsiegel

334 NR

Selia regte sich und schlang die Arme fester um den Körper, der neben ihr lag. Glatte Haut über harten Muskeln, warm wie ein Krug voller frisch gebackener Kekse. Sie steckte ihre Nase in den dicken, geflochtenen Zopf und atmete tief ein. Der Duft war betörend.

Erschrocken riss Selia die Augen auf.

»Bei der Nacht, Mädchen!« Sie rüttelte Lesa, um sie zu wecken. »Du bist schon wieder eingeschlafen!«

Selia blickte zum Fenster, wo ein matter Lichtschein durch die Blendläden fiel. »Gleich geht die Sonne auf! Du musst …!«

»Schhhhh.« Lesa schob eine Hand nach hinten und strich über Selias Gesicht, bis ihre schwieligen Finger sich sanft auf deren Lippen legten. »Mam und Dad sind zu Jeph Strohballens Hof gefahren, um bei den Vorbereitungen zu helfen. Sie können gar nicht wissen, dass ich nicht zu Hause übernachtet habe.«

Lesa kuschelte sich wieder in das weiche Federkissen und fiel erneut in Schlaf. Selia holte tief Luft, schmiegte sich an sie und versuchte ebenfalls einzuschlafen. Lesa hatte recht.

Aber Selia hatte noch nie schlafen können, wenn Sorgen sie plagten. Lesas Eltern mochten nicht daheim sein, aber sie wohnte immer noch unter ihrem Dach. Die junge Frau zählte kaum zwanzig Sommer, während Selia auf achtundsechzig Winter zurückblicken konnte. Eine Liebschaft zwischen zwei Frauen reichte schon aus, um in der Gemeinde schief angesehen zu werden. Sich eine Frau ins Bett zu holen, die so viel jünger war als sie, konnte sie das Amt der Sprecherin kosten – wenn man sie nicht einfach der ungeschützten Nacht aussetzte, um sie ein für alle Mal loszuwerden.

Selbst wenn Selia die Augen fest zukniff, sah sie in Gedanken immer noch Renna Gerber vor sich, wie sie auf dem Stadtplatz an einen Pfahl gebunden darauf wartete, dass die Dämonen sie zerfleischten.

Nein. Bei uns wird so etwas nie wieder passieren.

Aber Selia erinnerte sich daran, wie schnell Jeorje die Gemeinde gegen Renna aufgehetzt hatte, und er hatte weit mehr Grund, Selia in den Horc zu wünschen, als irgendein dummes Bauernmädchen.

Selias Arm, den sie unter Lesa geschoben hatte, wurde taub. Die Hitze, die die junge Frau verströmte, ließ sie beide schwitzen, und nackte Haut klebte an nackter Haut. Selia war es zu unbequem, um noch einmal einschlafen zu können, deshalb zog sie vorsichtig ihren Arm zurück, ganz langsam, um ihre Freundin nicht zu wecken.

Sie verplante bereits den Tag. Lesas Eltern waren nicht die Einzigen, die sich heute zu Jeph Strohballens Hof begaben. Es war Neumond, und Jeph hatte den Stadtrat aufgefordert, sich in dieser Nacht auf seinem Besitz einzufinden.

Es war ungewöhnlich, ein Treffen der Ratsmitglieder außerhalb von Stadtplatz anzuberaumen – zumal bei Nacht. Aber es kursierten Gerüchte über das, was Jeph auf seinem Land baute, und alle wollten wissen, was genau es damit auf sich hatte.

Selia brauchte keine Mutmaßungen anzustellen. Letzten Monat hatte Arlen seinen Vater besucht. Das wusste sie, weil in derselben Nacht Renna Gerber in Selias Hof aufgetaucht war und sie und Lesa beim Knutschen erwischt hatte.

Arlen und Renna, die beide Tibbets Bach den Rücken gekehrt hatten, brachten Hinweise auf nie dagewesene, drohende Gefahren. Sie warnten vor gewitzten Dämonen. Gestaltwandlern. Horclingen, die im Verbund vorgingen und Siegel zerstörten, wie Holzfäller im Wald eine Lichtung schlugen. Für Tibbets Bach war es schon schwer genug, sich gegen die üblichen Dämonen zu wehren. Die Kampfsiegel verbreiteten sich, aber nur wenige Leute hatten sich in der ungeschützten Nacht behauptet. Auf das, was sie erwartete, waren die Menschen nicht vorbereitet.

Selia stand vom Bett auf und tappte leise zur Waschschüssel. Lesas Duft hing noch an ihr, der Beweis für ihre Sünde. Renna hatte sich versteckt, bis Selia Lesa fortgeschickt hatte, und später, bei Tee und Keksen, hatte sie das, was sie beobachtet hatte, mit keinem Wort verurteilt. Aber Selia hatte sich selbst dafür verwünscht, wie leichtsinnig sie geworden waren.

Die Leute nannten dich immer Selia die Unfruchtbare, hatte Renna bemerkt. *Aber nach dem, was ich ge-*

sehen habe ... Vielleicht bist du doch nicht so unfruchtbar.

Wenn Selia und Lesa so weitermachten, war es nur eine Frage der Zeit, bis die Stadt alles über sie herausfand. Zweifelsohne erinnerten sich die älteren Bewohner an die Gerüchte aus vergangenen Tagen und stellten Vermutungen an.

Selia wusch sich das Gesicht. Das kalte Wasser ließ sie endgültig wach werden. Sie blickte in den versilberten Spiegel, in dem sie sich fast siebzig Jahre lang betrachtet hatte, doch das Gesicht, das ihr entgegenstarrte, kam ihr nur vage vertraut vor – eine verblasste Erinnerung, die plötzlich wieder auflebte.

Die tiefen Furchen in ihrem Gesicht waren verschwunden. Ihr einstmals graues Haar wuchs an den Wurzeln blond nach. Diese Haarfarbe war selten in Tibbets Bach, ein Erbe ihres Vaters Edwar, eines Milneser Kuriers, der sich entschlossen hatte, in der Gemeinde sesshaft zu werden.

Selia sah auf ihre Hände. Die früher durchscheinende Haut war nun glatt und elastisch, die Altersflecken wurden von der Sonnenbräune überdeckt.

Sie richtete sich aus der halb gebückten Stellung auf, ohne dass ihr Rücken schmerzte. Schultern und Knie taten nicht mehr weh. Ihre Fingergelenke ließen sich frei bewegen.

In der Nähe der Waschschüssel stand griffbereit der Speer, den Arlen ihr geschenkt hatte. Mit den Fingerspitzen strich sie über die zierlichen, in den Schaft eingeschnitzten Siegel und erschauerte, als sie sich an den Strom von Magie erinnerte, der durch das Holz in ihren

Arm geschossen war, als sie ihren ersten Dämon erlegte. Es war eine ungezügelte, berauschende Macht. Unter ihrem Einfluss bewegte sie sich mit einer regelrecht ... übermenschlichen Kraft und Geschwindigkeit und kämpfte wie ein rasendes Tier.

Nach dem Kampf hielt das Gefühl der Unbesiegbarkeit nicht lange vor, doch ein wenig Energie blieb erhalten. Als sie am folgenden Tag aufwachte, fühlte sie sich so erfrischt wie seit Jahren nicht mehr.

Seitdem hatte Selia viele Dämonen getötet und die Bürgerwehr von Stadtplatz von einem Sieg zum nächsten geführt. Allmählich säuberte man jeden Hof und jedes Feld in Tibbets Bach von Horclingen.

Der Rausch der Magie machte süchtig, wie viele Leute am eigenen Leib erfuhren. Auch Selia war ihm erlegen. Er stärkte nicht nur den Körper, er steigerte auch die Leidenschaft.

Ihre Hand zuckte von der Waffe zurück als wäre sie plötzlich glühend heiß geworden. Dann warf sie einen Blick auf Lesa, die zufrieden schnarchte.

Jeder Narr, der einmal eine Jongleursvorstellung gesehen hatte, wusste, dass Magie ihren Preis hatte.

»Raus aus dem Bett, du faules Mädchen.« Selia versetzte Lesa einen Schubs. »Der Tee ist heiß, und zum Horc mit dir, wenn du ihn kalt werden lässt.«

Lesa schlug die Decke zurück und stand vom Bett auf. Ohne sich ihrer Nacktheit zu schämen, bückte sie sich, um ihre Hose vom Boden aufzuheben. Sie lächelte, als sie hochblickte und sah, wie Selia sie anstarrte.

Selia riss die Bluse vom Bettpfosten und warf sie dem Mädchen zu. Aber auch sie lächelte. »Zieh dich an. Ich hol schon mal die Butterkekse aus dem Ofen.«

Bald darauf betrat Lesa die Küche. Obwohl Selia ihr den Rücken zukehrte, merkte sie, dass die junge Frau nach dem mit Teig verschmierten Löffel in der Rührschüssel griff. Ohne hinzuschauen schnappte sie sich den Löffel und schlug damit auf Lesas Handrücken.

»Au!« Lesas Hand zuckte zurück.

»Den Löffel abzulecken ist eine Belohnung, kein Vorrecht.« Selia stellte einen Teller voll Kekse zum Abkühlen auf das Fenstersims. »Deck den Tisch und schenk Tee ein. Die Kekse von gestern sind in der Steingutschüssel.«

Lesa hob eine Faust und drehte sie, um die Teigspritzer zu zeigen, die am Handrücken klebten. Dann leckte sie den Teig genüsslich ab.

Selia drohte ihr mit dem Rührlöffel, und Lesa lachte, ehe sie sich auf die Schüssel mit den Keksen stürzte. »Manchmal vergesse ich, dass du immer noch die alte Lady Unfruchtbar bist.«

Selia zog fragend eine Braue hoch. »Nennen die Kinder mich jetzt so?«

Lesa errötete. »Ich wollte dich nicht ...«

Selia winkte ab. »Schon gut. Aber was werden die anderen jungen Leute sagen, wenn sie erfahren, dass du mit der alten Lady Unfruchtbar schläfst?«

Lesa zwinkerte ihr zu. »Wenn wir zusammen im Bett sind, kommen wir ja kaum zum Schlafen.«

»Du weißt, was ich meine«, sagte Selia.

»Bei dir klingt das so, als würde es auf jeden Fall herauskommen«, sagte Lesa.

»Wenn du erst mal eine alte Dame bist, weißt du, dass letzten Endes alles herauskommt.«

Lesa riss gereizt die Hände hoch. »Und wenn schon. Du bist die Sprecherin der Gemeinde Tibbets Bach. Jede Nacht ziehst du los und tötest Horclinge, damit die anderen in Sicherheit sind. Ohne dich wäre die Gemeinde verloren. Und ich war meinen Eltern immer eine gehorsame Tochter. Die Narben, die die Dämonen mir zugefügt haben, beweisen, was ich für Tibbets Bach alles getan habe. Was ist schon dabei, wenn die Leute herausfinden, dass wir warme Schwestern sind?«

Selia fuhr zusammen. »Woher kennst du diesen Begriff? Weißt du überhaupt, was er bedeutet?«

Lesa zuckte mit den Achseln. »Das weiß doch jeder. Warme Schwestern sind Mädchen, die mit anderen Mädchen Bussi-Bussi spielen.«

Selia biss sich auf die Zunge. »Als ich früher in der Schule unterrichtet habe, wurde über so etwas nicht geredet.«

Lesa blinzelte. »Du warst Schulmeisterin?«

»Nein.« Selia schüttelte den Kopf. »Aber meine Mutter, Lory.«

Lesa verspritzte Tee, während sie einen Keks in die Tasse tunkte und ihn sich in den Mund stopfte, ehe er weich wurde. Als sie dann sprach, versprühte sie Krümel. »Erzähl mir von ihr.«

Selia fuchtelte mit dem Holzlöffel in der Luft herum. »Jetzt ist keine Zeit für Geschichten. Die Sonne geht auf. Iss dein Frühstück auf und verdrück dich durch die Hintertür, ehe dich jemand sieht. Geh durch die Färbergasse.«

Lesa rümpfte die Nase. Die Gasse hinter der Färberwerkstatt, in der Jan seine Bottiche mit den Färbemitteln stehen hatte, stank bestialisch und wurde tunlichst gemieden. Der ideale Weg für jemanden, der unentdeckt bleiben wollte.

»Ich möchte aber lieber hierbleiben«, widersprach Lesa. »Sag den Leuten doch einfach, ich wäre im Morgengrauen gekommen, um dich zu begleiten.«

»Seit wann brauche ich Begleitung, um von meinem Haus aus in den Ortskern zu gehen?« Selia bedachte Lesa mit ihrem berühmten – oder berüchtigten? – Blick. Ihre Falten mochten sich geglättet haben, aber ihrem grauen Haar zollte man in der Gemeinde immer noch Respekt.

»Ay, Sprecherin.« Lesa wischte sich den Mund ab und ging ohne ein weiteres Wort.

Das wird dir noch leidtun. Erleichtert atmete Selia auf, als sich die Tür hinter dem Mädchen schloss. Wieder einmal Glück gehabt. Wie lange konnte das noch gutgehen?

Selia war der Appetit vergangen. Sie stellte die Schüssel mit den Keksen beiseite, holte ihr Schreibzeug und schrieb noch ein paar Briefe an ihre Verwandten in Fort Miln. Seit über einem Jahr war kein Kurier mehr aufgetaucht, aber früher oder später würde einer hier eintreffen, und ihr Vater hatte ihr beigebracht, sich stets auf alles vorzubereiten.

Nach einer Stunde packte sie die frisch gebackenen Kekse in einen Topf und begab sich in den Stall, wo Butter, ihr temperamentvoller Wallach, wartete. Die alte Kurierrüstung ihres Vaters steckte in den Satteltaschen, die sie jetzt von Butters Rücken herunterzog. Die Harnisch-Schmiede hatten ein paar Rüstungsteile entfernt oder umgesetzt und so lange gehämmert, bis ihr die Rüstung passte, doch der Geruch nach altem, schweißdurchtränktem Leder erinnerte Selia immer noch an Edwar. Es war tröstlich zu wissen, dass dasselbe Metall, das ihren Vater auf seinen Reisen geschützt hatte, nun ihr Schutz bot.

Sein Schild bestand aus Goldholz mit einer Auflage aus feinstem Milneser Stahl. Die Abwehrsiegel waren auch nach jahrzehntelangem Gebrauch noch stark. Und obwohl der Schild fünfzig Jahre lang nur als Zierrat den Kamin geschmückt hatte, als Edwar aus dem Kurierdienst ausschied, hatten sie nichts von ihrer Kraft eingebüßt. Lediglich sein Speer hing noch über dem Kamin, denn die schöne Waffe war derjenigen, die Arlen ihr geschenkt hatte, weit unterlegen.

Selia führte ihr Pferd die Straße hinunter in die Ortsmitte von Stadtplatz. Sie war froh, dass Lesa nicht bei ihr war, als sie Fürsorger Harral, Meada Torfstecher und die Schmucke Coline erblickte, die bereits mit der Bürgerwehr auf dem freien Platz auf sie warteten. Es hätte nur Gerede gegeben, wenn sie in Lesas Begleitung aufgetaucht wäre.

Meadas Sohn Lucik war auch gekommen, ebenso seine Frau Beni. Außerdem fast ein Dutzend Männer und Frauen aus dem Weiler Torfhügel. Auf ihren runden Schilden prangten zwei konzentrische Kreise aus Siegeln, in deren Mitte ein schäumender Bierkrug gezeichnet war. Die Torfstecher-Sippe trug Harnische aus gehärtetem Leder mit eingebrannten Bannzeichen und hielt ihre versiegelten Speere griffbereit.

Bei Selia waren die Veränderungen durch die Magie zwar augenfälliger, doch selbst der Begriffsstutzigste konnte sehen, dass auch diese Kämpfer unter dem Einfluss einer geheimnisvollen Kraft standen. Menschen, die Selia ihr Leben lang gekannt hatte, veränderten sich deutlich. Fürsorger Harrals Rüstung war am Pferd eines seiner Gehilfen befestigt, doch seinen Speer und den Kanon hatte er parat. Pralle Muskeln füllten die Ärmel seiner einstmals locker sitzenden Kutte aus.

Meadas graues Haar wies braune Strähnen auf. Sie hatte die Bürgerwehr von Torfhügel angeführt, als es darum ging, die Umgebung ihres Weilers von Dämonen zu säubern, doch dann gab sie den Speer an ihren Sohn weiter. Lucik war immer ein kräftiger Bursche gewesen, aber in den letzten Monaten hatte er fünfzig Pfund an Muskeln zugelegt. Sonst ein ruhiger Charakter, geriet er in Raserei, wenn er gegen Horclinge kämpfte.

»Sprecherin.« Lucik senkte den Blick, als Selia ihn ansah. Im Kampf war er ein Wüterich, gewiss, doch ansonsten glich er einem zutraulichen, jungen Hund.

»Guter Junge.« Sie widerstand dem Drang, ihn hinter den Ohren zu kraulen.

Meada schnaubte, als Lucik rot anlief. »Schön, dich zu sehen, Sprecherin.«

»Und ich freue mich, dich hier anzutreffen, Meada. Entschuldige, dass ich mich in letzter Zeit nicht bei euch habe blicken lassen.« Während Selia sprach, wanderten ihre Blicke über die versammelte Bürgerwehr von Stadtplatz. Jeweils fünf Reiter standen in fünf Reihen hintereinander. Fünfundzwanzig ihrer besten Kämpferinnen und Kämpfer, die für Ruhe sorgten und nach Sonnenuntergang die Menschen vor Horclingen beschützten. Die Siegel auf ihren hölzernen Schilden waren zu einem akkuraten Quadrat angeordnet, in dessen Mitte eine Landkarte von Tibbets Bach abgebildet war.

»Das macht doch nichts«, sagte Meada. »Der Schöpfer weiß, wie beschäftigt du damit warst, Horclinge zu töten, und dafür ist dir jeder dankbar.«

»Der Dank gebührt vielen Leuten, einschließlich dir und deinem Sohn.« Selia entdeckte Lesa an der ihr zugewiesenen Stelle in der zweiten Reihe der Formation. Nahe genug, um sie im Auge zu behalten, aber nicht so nahe, um eine Begünstigung zu argwöhnen. Normalerweise hätte Lesa Selia in die Augen geschaut und verschmitzt gelächelt, heute jedoch hielt sie ihren Blick starr geradeaus gerichtet.

Sie war immer noch verstimmt.

Ist vielleicht ganz gut so, wenn der Stadtrat sich trifft.

»Brine hat uns benachrichtigt, dass wir nicht auf die Holzfäller warten sollen«, sagte Harral. »Sie kommen auf eigene Faust zu Jephs Hof. Rusco Vielfraß ist im Morgengrauen aufgebrochen, zusammen mit einem Dutzend seiner Ladenwächter.«

Selia räusperte sich. »Ladenwächter« nannte Rusco diese Leute, doch sie entwickelten sich zu seiner persönlichen Leibgarde. Die Bürgerwehr von Stadtplatz bestand samt und sonders aus Freiwilligen, Männern und Frauen, die tagsüber ihren normalen Alltagsbeschäftigungen nachgingen und bei Sonnenuntergang nach draußen gingen, um ihre Mitmenschen zu beschützen. Die meisten stellten ihre versiegelten Waffen und ihre Ausrüstung selbst her, manche mit mehr, manche mit weniger Geschick.

Ruscos Ladenwächter trugen ausnahmslos Harnische aus derbem, mit Silber beschlagenem Leder. Ihre einheitlichen Speere waren von höchster Qualität und meisterlich versiegelt. Die drei konzentrischen Siegelkreise auf ihren mit Stahl verstärkten Schilden zeigten in der Mitte ein Bild des ursprünglichen Gemischtwarenladens, den Rusco nach seiner Ankunft in Tibbets Bach gegründet hatte.

Die Ladenwächter trugen ihren Teil dazu bei, Dämonen aus Stadtplatz zu vertreiben, und sie unterstützten die Bürgerwehr dabei, Horclinge zu töten, die sich auf wertvollen Landflächen herumtrieben. Aber es bestand nicht der geringste Zweifel daran, wer diese Truppe befehligte.

»Dann wollen wir keine Zeit verlieren.« Selia schwang sich auf ihr Pferd, und sie ritten los in Richtung Norden.

Auf Jephs Hof herrschte bereits rege Betriebsamkeit, als sie eintrafen. Ruscos Pavillonzelt war aufgebaut. Seine Töchter, Dasy und Catrin, beide mit muskelbepackten Armen, verkauften Speisen und Bier. Die Ladenwächter entluden immer noch Karren, und Rusco selbst schleppte zwei Fässchen Bier, die er sich unter die Arme geklemmt hatte.

»Bei der Nacht«, staunte Coline. »Er sieht wieder aus wie damals, mit dreißig.«

Rusco war immer ein Kraftprotz gewesen, aber er hatte mehr als sechzig Winter auf dem Buckel, und seit ein paar Jahren sah man es ihm an. Doch genau wie Selia schien er immer jünger zu werden, und die Falten in seinem Gesicht waren verschwunden. Haupthaar und Bart waren kohlschwarz, wobei er die letzten grauen Fäden herausgezupft hatte. Die kahle Stelle auf seinem Kopf war dichten Locken gewichen.

»Das ist unnatürlich«, sagte Coline. Harral grunzte zustimmend. Sogar Meada nickte.

Selia wandte sich zu ihnen um und zog eine Augenbraue hoch.

»Bei dir ist es was anderes, Sprecherin«, sagte Coline. »Du bist jede Nacht draußen und riskierst dein Leben, um andere Menschen zu schützen. Das ist nicht dasselbe wie Ladenwächter zu bezahlen, damit sie jeden Fünfttag einen Dämon in Ketten anschleppen, dessen Magie Rusco sich dann einverleibt.«

»Ay, mag schon sein«, sagte Selia. »Aber der alte Vielfraß hat dieser Gemeinde auch viel Gutes getan. Anderenfalls hätte ich ihn schon längst wegen Betrugs aus dem Ort gejagt.«

»Ay«, pflichtete Meada ihr bei. »Du darfst jedoch nicht vergessen, dass er dafür stimmte, Renna Gerber der Nacht zu überantworten, weil er glaubte, das sei für sein Geschäft das Beste.«

Coline senkte den Blick und machte ein verlegenes Gesicht. Denn auch sie hatte dafür gestimmt, Renna den Horclingen zu überlassen. Niemand, nicht einmal Selia, hatte ihr das wirklich vergeben.

»Der Schöpfer schickt uns Prüfungen sowie Triumphe«, warf Harral ein. »Vielleicht hat er Rusco eigens hierher gesandt, damit er für Rennas Hinrichtung stimmte. Womöglich hat dies den Erlöser zu uns geführt, damit er die Zerwürfnisse in unserer Gemeinde beilegt.«

»Wenn dieser Kurier der Erlöser ist, fresse ich meine Keksschüssel«, sagte Selia. »Er hat hier keinen Streit geschlichtet. Tibbets Bach ist zerstrittener denn je.«

»Auch das gehört zum Plan des Schöpfers«, sagte Harral. »In Tibbets Bach herrscht seit Langem Abendstimmung. Vielleicht muss erst die Nacht über uns hereinbrechen, bevor der neue Morgen dämmert.«

Selia rümpfte die Nase. »*Was der Schöpfer mit uns vorhat, können wir nicht wissen,* pflegte mein Dad zu sagen. *Wir wissen nur, dass er nicht vom Himmel herabsteigt, um unsere Post zu befördern.*«

»Was hat er damit gemeint?«, fragte Coline.

»Damit hat er gemeint, dass wir unsere Probleme selbst lösen müssen.« Selias Blicke kreuzten sich mit denen der Kräutersammlerin. »Und dass es uns obliegt, die richtigen Entscheidungen zu treffen.«

Coline zuckte zusammen und wandte den Blick ab. »Ay, Sprecherin.«

Jeph Strohballen präsentierte sein neues Großsiegel wie ein preisgekröntes Schwein beim Fest zur Sommersonnenwende. Jetzt stellte sein Land ein einziges in sich geschlossenes Schutz- und Abwehrsiegel dar. Gebildet wurde es durch Zäune, Sträucher, Hecken, Steinwege und Scheunen mit gebogenen Dächern. Die Hopfenfelder verliefen nicht mehr in geraden Reihen, sondern waren zu gekrümmten Linien gestutzt. Schlichte Formen verschmolzen übergangslos miteinander und verwoben sich zu höchst komplizierten Mustern. Mit großen Augen wanderten die Leute umher, während sie darauf warteten, dass sie an die Reihe kamen, den Wachturm zu erklettern, um sich das Großsiegel von oben anzuschauen.

Jeph löste sich von einer Gruppe, als er Selias Ankunft bemerkte. »Sprecherin.«

»Du bist jetzt selbst ein Sprecher, Jeph Strohballen«, erinnerte Selia ihn. »Also darfst du Selia zu mir sagen.«

Jeph schüttelte den Kopf. »Ich bin noch nicht so weit. Ich will in der Gemeinde keine führende Rolle einnehmen.«

»Ob es dir passt oder nicht, Jeph, du bist bereits ein Anführer. Um Menschen zu führen, bedarf es mehr als schöner Worte. Die Leute brauchen ein Vorbild, und mit diesem Monumentalwerk, das du geschaffen hast, hast du uns alle maßlos beeindruckt.«

»Wartet erst ab, bis es dunkel wird«, sagte Jeph.

Lautes Gebrüll ertönte, und sie sahen Mack Weide, der sich wütend von Rusco abwandte. Der Vielfraß stand mit vor der Brust verschränkten Armen da. Hinter ihm hatten sich zwei seiner Ladenwächter in drohender Haltung aufgebaut.

Mack trabte in ihre Richtung, und Selia seufzte. Weide hatte sich zu einer wahren Nervensäge entwickelt, seit der Rat ihn als Sprecher für die Bauernschaft abgewählt und Jeph den Posten gegeben hatte.

»Alles in Ordnung, Mack Weide?«, rief Selia ihm entgegen.

»Nein, nichts ist in Ordnung, beim Horc, verdammt!«, schrie Mack. »Der Vielfraß will mir keinen versiegelten Speer verkaufen, weil ich anschreiben lassen muss!«

»Du hättest längst deinen eigenen Speer haben können«, sagte Jeph, »wenn du nicht so feige gekniffen hättest, als der Kurier bei uns war.« Zwischen den Leuten, die damals Renna Gerber hatten schützen wollen, und denen, die sie zum Tode verurteilten, herrschte eine tiefe, unüberbrückbare Kluft.

»Ich habe gar keinen Speer gebraucht«, schnauzte Mack, »bis Rusco den alten Gerber-Hof gekauft hat und seine Ladenwächter losschickte, um die Horclinge vom Land zu vertreiben. Daraufhin wanderten die Bestien zu mir ab. Sie erschrecken das Vieh und greifen die Siegel an, bis sie versagen. Und jetzt leiht mir der alte Vielfraß nicht mal einen Speer!«

Selia schürzte die Lippen. Sie hatte genauso wenig Mitleid mit Mack wie Jeph, aber in Gedanken hörte sie den klugen Ratschlag ihres Vaters.

Wer für die Gemeinde spricht, setzt sich für jeden ein und begünstigt oder benachteiligt niemanden.

»Morgen Nacht schicke ich die Bürgerwehr zu dir, die anfangen wird, dein Land von Horclingen zu säubern«, versprach Selia.

Als Nächste trafen Brine der Breite und sein angenommener Sohn Manie ein. Selia erinnerte sich noch gut daran, wie der Junge eines Nachts zitternd an ihrem Tisch gesessen hatte, als die Horclinge im Jahr 319 NR die Siegel des Weilers am Wald durchbrochen hatten. Mittlerweile war Manie ein erwachsener Mann, groß gewachsen und mit schwellenden Muskeln. Auf seinem Rücken prangte eine versiegelte Breitaxt, als er und sein Vater begleitet von zwanzig hünenhaften Holzfällern in Jephs Hof Einzug hielten.

Es wurde Nachmittag, ehe die Fischer-Sippe die Straße heraufkam. Raddock Advokat, ihr Sprecher, war älter als Selia. Sein dichter Bart war ganz weiß, das Gesicht tief zerfurcht.

Raddock riss die Augen auf, als er Selia sah. Seit er ihr das letzte Mal begegnet war, schien sie um Jahrzehnte jünger geworden zu sein. Sie sah beinahe wieder so aus wie vor fünfzig Jahren, als Raddock ihr den Hof gemacht hatte. »Schätze, ich sollte mich nicht wundern, dass auch du das Widernatürliche ausnutzt, Selia.«

Selia spürte Wut in sich aufsteigen. »Ich habe nichts weiter getan, als mich für das Wohl der Gemeinde einzusetzen, während du und die deinen zu stur wart, um auch nur einen Finger für die Allgemeinheit zu krümmen!«

So viel zum Thema Unvoreingenommenheit. Aber Raddock brachte sie einfach immer zur Weißglut.

»Und zum Wohl der Gemeinde gehört auch, dass du die Fischer-Sippe bestrafst, Sprecherin?« Garric Fischer war wesentlich jünger als Selia, überragte sie um mindestens eine Haupteslänge und wog anderthalb Mal so viel wie sie. Er beugte sich vor, in dem Versuch, sie einzuschüchtern. Doch selbst als alte Frau mit schmerzenden Knochen hatte Selia vor nichts und niemandem Angst gehabt. Und wer ihr jetzt dumm kam, den würde sie in den Horc schicken, das war so sicher wie der Sonnenaufgang.

»Ich bestrafe niemanden.« Selia überlegte, wie sie den drohend vorgebeugten Mann zu Boden schlagen konnte, ohne ihm die Knochen zu brechen. »Ich habe die Bürgerwehr losgeschickt, um in Fischweiher aufzuräumen, wie wir es vereinbart hatten.«

»Ay, aber dafür beanspruchen sie ein Zehntel der gefangenen Fische!«, knurrte Raddock. »Und deine Bürgerwehr schikaniert uns und plündert uns aus!«

Selia blinzelte. »Wie bitte?«

»Sie berauschen sich an Dämonenmagie und blicken auf normale Menschen herab!«, fuhr Raddock fort. »Garric hat gesehen, wie Mitglieder der Torfstecher-Sippschaft gegen seinen Zaun pissen und Dämonenscheiße auf die Türschwelle schmieren. Neulich hat jemand einen Horcling in meinem Hof am Boden festgenagelt. Bei Sonnenaufgang brannte er lichterloh wie ein Scheiterhaufen.«

Nichts davon konnte Selia überraschen. Im vergangenen Jahr hatte die Fischer-Sippe Tibbets Bach buchstäblich auf den Kopf gestellt, und viele Leute nahmen ihnen das sehr übel. Raddock hatte recht mit seiner Behauptung, dass die Magie die Ursache dafür war, wenn Menschen außer Rand und Band gerieten. Ohnehin schon erhitzte Gemüter gerieten vollends außer Kontrolle, und manche Leute ließen sich zu Taten hinreißen, die unentschuldbar waren.

Sie stieß den Atem durch die Nase aus. »Danke, dass du mich auf diese Missstände aufmerksam gemacht hast, Raddock. Ich sorge dafür, dass dieser Unfug sofort aufhört.«

»Das reicht aber nicht, Selia«, geiferte Raddock. »Ich will, dass Strafen verhängt werden. Stam Schneider hat mit Maddy Fischer im Boot ihres Vaters rumgemacht! Er hat sie unter Deck gelockt!«

Selia ballte eine Faust und stellte sich vor, sie würde Stam erdrosseln. »Er hat sich Maddy gegen ihren Willen aufgedrängt?«

»Ob sie es freiwillig oder unfreiwillig mit ihm getrieben hat, spielt doch keine Rolle!«, wütete Raddock. »Sie ist dreißig Sommer jünger als er! Das ist doch abartig!«

Selias Blick huschte zu Lesa, und dieses Mal sah das Mädchen ihr selbstbewusst in die Augen. Sie stand mit den übrigen Mitgliedern der Bürgerwehr von Stadtplatz zusammen, und alle rüsteten sich zum Einschreiten, sollte die Fischer-Sippschaft einen handfesten Streit beginnen. Raddock merkte, dass die Blicke der beiden Frauen sich kreuzten, und mit finsterer Miene betrachtete er die Bürgerwehr. Die Fischer-Sippe war mit einem Dutzend Männer aufgetaucht, aber beide Seiten wussten, dass sie es nicht mit Kämpfern aufnehmen konnten, die Nacht für Nacht Dämonen töteten.

»Maddy zählt neunzehn Sommer, Raddock«, sagte Selia. »Sie entscheidet selbst, mit wem sie sich einlässt. Und dich geht das schon gar nichts an.«

»Aber was ist mit ihrem Dad?«, trumpfte Raddock auf. »Er wollte die beiden auseinanderbringen, und Stam hat ihm ein blaues Auge verpasst.«

Selia schürzte die Lippen. »Ich werde mit Stam reden und der Sache auf den Grund gehen. Wenn es so ist, wie du sagst, dann muss er die Finger von dem Mädchen lassen und mit ihrem Vater Frieden schließen.«

»Mit einem Gespräch ist es nicht getan, Selia«, sagte Raddock. »Laut Gesetz muss er auf dem Stadtplatz ausgepeitscht werden.«

Selia schüttelte den Kopf. »Als wir das letzte Mal einen Menschen auf dem Platz an einen Pfahl banden, geriet die ganze Gemeinde aus den Fugen. Das darf nie wieder vorkommen.«

»Du findest auch immer einen Vorwand, um der Fischer-Sippe Gerechtigkeit zu verweigern«, höhnte Raddock. »Du machst dir nicht mal mehr die Mühe so zu tun, als hätte der Stadtrat ein Wörtchen mitzureden.«

»Blödsinn!«, schnauzte Selia. »Aber nicht jeder Streit landet vor dem Stadtrat, Raddock. Vielleicht lässt sich dieser Hader aus der Welt schaffen, wenn Stam sich entschuldigt, Maddy in Ruhe lässt und für Fischweiher ein paar neue Bootssegel anfertigt.«

»Ich will keine verdammten Segel!«, grollte Raddock.

»Nein, natürlich nicht«, sagte Selia. »Du willst immer nur Blut sehen, Raddock. Das war schon vor fünfzig Jahren so, und seitdem hast du dich nicht geändert.«

Raddock verzog das faltige Gesicht. »Es gelüstet mich nicht nach Blut, Selia. Das Einzige, was ich jemals eingefordert habe, war Respekt, und den hat man mir verweigert. Damals und auch jetzt. Ich will respektiert werden, aber offenbar ist das zu viel verlangt.«

Nicht zum ersten Mal juckte es Selia in den Fingern, ihm eine saftige Maulschelle zu verpassen. Hatte er denn vergessen, wie übel er ihr und anderen mitgespielt hatte, als sie noch jung waren? Wie konnte er es wagen, sich so aufzuspielen?

»Die Fischer-Sippe befindet sich im Recht, Selia.«

Selia drehte sich um und sah, dass Jeorje Südwächter mit fünfzig bewaffneten Wachleuten eingetroffen war. Die Männer trugen ihre traditionelle Kluft – gebleichte weiße Hemden, schwarze Hosen mit Hosenträgern, hohe schwarze Stiefel, schwarze Jacken und breitkrempige Hüte. Die Jacken waren unförmiger als noch vor einem Jahr, da zur Abwehr von Horclingen Platten aus versiegeltem Glas eingenäht worden waren. Auch die Hüte waren verstärkt und mit dicken Kinnriemen ausgestattet.

Coran Sumpfig befand sich an Jeorjes Seite. Er saß in einem Rollstuhl, der von seinem ältesten Sohn Keven geschoben wurde. Keven hatte dieselbe kräftige Statur wie Lucik Torfstecher, und seit der Nacht, in der der Kurier seinem Vater einen Speer gegeben hatte, tötete er Dämonen. Corans Körper mochte ihn mittlerweile im Stich gelassen haben, aber sein Verstand war immer noch messerscharf, und die Sumpfländer betrachteten ihn immer noch als ihr Sippenoberhaupt.

Bereits vor mehr als einem Monat hatte sich Südwache das Sumpfland angeeignet, doch es war immer noch ein verstörender Anblick, die Sumpfländer und die Südwächter vereint zu sehen. In den beiden Dörfern lebten zusammengenommen an die vierhundert Menschen, wobei die gesamte Gemeinde Tibbets Bach rund tausend Einwohner hatte. Ein Dutzend Bürgerwehrkämpfer des Sumpflandes, ausgerüstet mit dünnen, versiegelten Fischspeeren, marschierte in Reih und Glied mit der Südwächter-Miliz.

Doch der Anführer von allen war Jeorje. Obwohl er noch zwei Jahrzehnte älter war als der älteste Einwohner der Gemeinde, sah er aus wie ein Dreißigjähriger. Sein schütteres weißes Haar war zu einem dichten, nussbraunen Schopf nachgewachsen, und seine ledrige Haut war wieder glatt. Er hatte seine Jacke ausgezogen, die Ärmel seines weißen Hemdes hochgekrempelt, und seine fleischigen Unterarme entblößt. Die prallen Muskeln von Bizeps und Oberkörper drohten die Nähte des Hemdes zu sprengen.

Er trug keinen Harnisch, nicht mal einen Hut, und auf einen Schild verzichtete er ebenfalls. Der Gehstock, den er früher auf den Boden geknallt hatte, um seine Ausführungen zu unterstreichen, wirkte jetzt eher wie ein Zepter. Er war bedeckt mit einem komplizierten

Muster aus Siegeln, und an dem sich verjüngenden Ende steckte eine Speerspitze in einer Scheide. Selia hatte mit eigenen Augen gesehen, wie Jeorje mit diesem Stock Horclinge totschlug.

Selia bedachte Jeorje mit dem für sie typischen Blick, der ihn jedoch noch nie sonderlich beeindruckt hatte. »Das sagst ausgerechnet du, Jeorje. Mir kam zu Ohren, dass du letzten Monat Mena Südwächter geheiratet hast. Das Mädchen zählt nicht mal zwanzig Sommer.«

»Ich habe sie *geheiratet*, Selia«, erwiderte Jeorje. »Ich entehre keine Familie, indem ich eine weibliche Angehörige zur Unzucht verleite.«

»Nein, du steckst das Mädchen bloß in deinen Harem«, schoss Selia schnippisch zurück. »Wie viele Frauen hast du jetzt eigentlich … sechs?«

»Sieben.« In Jeorjes Stimme schwang Stolz mit. »Eine heilige Zahl. Und meine Gemahlin Trena hat die Ehe mit Menas Familie persönlich ausgehandelt. Ich habe das Mädchen nicht in aller Heimlichkeit verführt und ihre Tugend geraubt.«

»Du hast sie ihrem Dad abgekauft«, murmelte Selia.

Jeorje überhörte die Bemerkung. »Stam Schneider hat der Gemeinde schon immer Schande gemacht. Er ist ein Säufer und baut nur Mist.«

Jeorje mochte ein Heuchler sein, aber in diesem Punkt hatte er nicht unrecht. Viele Leute tranken bei Festlichkeiten gern einen über den Durst oder kippten sich nachts, nachdem die Siegel kontrolliert waren, ein paar Glas hinter die Binde. Aber Stam war nur selten nüchtern, und dauernd räumte jemand hinter ihm irgendeinen Schlamassel auf, den er angerichtet hatte. Jetzt berauschte er sich hauptsächlich an Magie, aber eine Sucht blieb eine Sucht.

Einer Gemeinde Schande machen. Nicht zum ersten Mal hörte Selia, wie Jeorje diese Worte aussprach, und sie versetzten ihr immer wieder einen Stich ins Herz.

»Also gut«, sagte sie. »Der Stadtrat ist vollzählig anwesend. Jemand soll Maddy holen, und ich lasse Stam herkommen. Heute Abend hören wir uns an, was sie zu dieser Sache zu sagen haben, und danach stimmen wir ab.«

Es war ein sinnloser Vorschlag. Rusco und Coline büßten immer noch dafür, dass sie für Rennas Hinrichtung gestimmt hatten, und Mack war durch Jeph ersetzt worden. Folglich würde der Rat niemals die Fischer-Sippe unterstützen, die wieder einmal nach Blut lechzte.

Selia sah, wie ein flüchtiges Lächeln um Jeorjes Lippen huschte, und sie begriff, dass es ihm gar nicht auf eine Abstimmung im Rat ankam. Er wollte nur in aller Öffentlichkeit zeigen, dass er die Fischer-Sippe unterstützte, wenn sie diesen Leuten ihre Hilfe versagte.

»Ihr braucht die Bürgerwehr von Stadtplatz nicht, um euch vor der Brut des Horc zu schützen«, wandte sich Jeorje an Raddock. »Südwache kann euch viel bessere Dienste leisten.«

Selia ballte die Fäuste und öffnete sie wieder. Wenn Jeorje sich nun auch noch Fischweiher unter den Nagel riss, wären ihm im Rat lediglich drei von zehn Stimmen sicher, aber die Hälfte der Bewohner von Tibbets Bach wäre ihm unterstellt. Wenn dieser Fall eintrat, war der Stadtrat tatsächlich überflüssig, und Selia konnte noch von Glück sagen, wenn man sie nicht selbst auf dem Platz an einen Pfahl band.

»Darüber könnt ihr zu gegebener Zeit reden«, warf Jeph mit lauter Stimme ein. »Ich habe dieses Treffen anberaumt, und die Sonne steht schon tief.«

Auf dem Wachturm herrschte Gedränge. Alle zehn Sprecher befanden sich dort oben, außerdem Keven Sumpfig, der seinen Vater die Leiter hinaufgetragen hatte. Persönliche Reibereien gerieten in Vergessenheit, als man Jephs Großsiegel bewunderte, das von oben deutlich sichtbar war. Das gigantische Bannzeichen nahm einen hellen Schimmer an, als die Schatten länger wurden. Als die Sonne unterging, glühte es in einem sanften Licht und erhellte Jephs gesamten Besitz.

Jeph deutete mit ausgestrecktem Arm in eine bestimmte Richtung. »Letzte Nacht habe ich zwei Wanderer dorthin gelockt.«

Es gab Dämonen in allen möglichen Formen und Größen, doch in Tibbets Bach teilte man sie grob in zwei Gruppen ein, die Beständigen und die Wanderer. Die Beständigen neigten dazu, stets dieselben Wege zu benutzen, sich in einem bestimmten Gebiet niederzulassen und dort zu bleiben. Die Wanderer jagten überall nach Beute, ließen sich von Geräuschen und Gerüchen leiten und unternahmen ziel- und planlos weite Ausflüge.

Horclinge stiegen immer an der Stelle an die Oberfläche empor, an der sie sich in der Nacht in die Tiefe geflüchtet hatten, um sich vor der Sonne zu verstecken. Während sich die Dunkelheit herabsenkte, krochen schwarze Nebelschwaden wie Rauch aus dem Boden und verfestigten sich zu zwei Felddämonen.

Die Dämonen erblickten die Menschen, die auf Jephs Hof hin und her schlenderten, und rüsteten sich zum

Angriff. Die Leute schrien und wichen panisch zurück. Krieger rückten nach vorn, um die Leute mit einem Schildwall vor den Horclingen zu schützen.

Doch als die Dämonen dann lossprangen, wurden sie zurückgeworfen, denn das Großsiegel flammte in einem grellen Lichtblitz auf, und für einen kurzen Moment wurde die Nacht taghell.

Jeph steckte zwei Finger in den Mund und stieß einen schrillen Pfiff aus. Der junge Jeph, sein ältester Sohn, kam mit einem Bogen herbeigerannt und schoss mühelos einen versiegelten Pfeil in einen der Dämonen. Die Bestie jaulte und sackte zusammen. Der andere Horcling fing an zu kreischen, attackierte das Großsiegel und hinterließ dort, wo seine Krallen an dem Symbol kratzten, Streifen von Magie in der Luft.

Die anderen Kinder aus Jephs Familie erschienen mit Schleudern und bombardierten den zweiten Horcling mit versiegelten Steinen, die bei jedem Aufprall auf seinem Panzer Funken sprühten. Der Dämon duckte sich und versuchte zu fliehen, aber mittlerweile hatte der junge Jeph den nächsten Pfeil angenockt und feuerte ihm das Geschoss in den Rücken. Der am Boden liegende Dämon zappelte und strampelte, bis der Junge ihm mit einem dritten Pfeil endgültig den Garaus machte.

Das Schauspiel beeindruckte jeden. Die Leute unten im Hof jubelten, und die Sprecher oben auf dem Turm gaben bewundernde Kommentare ab. Einzig Jeorje schwieg, und seine Augen glitzerten. Zweifelsohne war er hauptsächlich aus taktischen Erwägungen heraus auf Jephs Hof gekommen, und erst in zweiter Linie der Magie wegen, aber Jephs Großsiegel bedeutete Macht, und Selia wusste, dass der Anführer der Südwächter darauf brannte, sein eigenes Großsiegel zu bekommen.

Warum auch nicht? Großsiegel sorgten für nachhaltige Sicherheit. In ihrem Schutz konnten die Menschen nachts ruhig schlafen und tagsüber ihre Felder bestellen, ohne befürchten zu müssen, dass die Dämonen sie kurz vor der Ernte niederbrannten. Und dennoch lag in Jeorjes gierigem Blick etwas, das Selia zutiefst beunruhigte.

Als alle sich ausgiebig umgeschaut hatten, führte Jeph die Gruppe wieder vom Turm hinunter und auf die Veranda seines Hauses, um eine kleine Ansprache an seine Gäste zu halten. Aller Augen ruhten auf ihm, und Jeph Strohballen hatte nie gern im Mittelpunkt der Aufmerksamkeit gestanden. In dieser Nacht jedoch begegnete er den Blicken selbstsicher und mit einer Entschlossenheit, die Selia noch nie zuvor an ihm bemerkt hatte.

»Bevor der Kurier letztes Jahr weiterzog, hat er mich ein wenig im Bannzeichnen unterwiesen.« Nach dem Namen des Kuriers brauchte keiner zu fragen. Es gab nur einen einzigen Kurier, der den Leuten neue Siegel brachte. »Ich habe dies und das ausprobiert, und was dabei herauskam, seht ihr ja selbst. Diese Siegel garantieren jedoch keine hundertprozentige Sicherheit. Für ihre Wirksamkeit gibt es keinen Beweis. Aber jeder, der sie haben möchte, kann sie von mir bekommen. Der Kurier sagte, man müsse sie möglichst weit verbreiten. Er sagte, im Kampf gegen die Horclinge stehen wir alle auf derselben Seite.«

Nach diesen Worten herrschte unter den Leuten große Aufregung, aber auch Zweifel wurden laut. Das Anlegen eines Großsiegels war mit einem hohen Aufwand verbunden, und nicht jeder traute sich den Bau einer solchen Bannzone zu. Auch sah man nicht unbedingt die Notwendigkeit eines eigenen Großsiegels ein, wenn die üblichen Bannzeichen bisher ausgereicht hatten.

»Ich habe noch mehr zu sagen.« Jephs Ankündigung ging in dem Stimmengewirr unter.

»Ruhe.« Jeorje brüllte nicht, aber dieses eine, laut gesprochene Wort durchdrang den Lärm. Um seiner Forderung Nachdruck zu verleihen, ließ er seinen Gehstock auf die Bohlen der Veranda krachen, und die Leute erstarrten wie eine Katze, die man in der Küche beim Naschen ertappt hat.

Jeph nutzte den Augenblick und hob seine Stimme: »Der Kurier hat mir von Horclingen berichtet, die wir noch nie gesehen haben – Dämonen, die nur auftauchen, wenn die Nacht am finstersten ist. Gestaltwandler, die das Aussehen von guten Freunden annehmen können und Menschen dazu verleiten, den Schutz der Siegel zu verlassen. Schlaue Dämonen, die einem die Gedanken aus dem Kopf stehlen und ihre nicht so gewitzten Artgenossen herumkommandieren, als wären sie Hunde. Der Kurier sagte, wir müssten uns gegen solche Dämonen absichern, und er gab uns Siegel, mit denen wir uns besser schützen können. Diese Zeichen muss jeder kennen und beherrschen, angefangen vom Schulkind bis zu den Ältesten in unserer Gemeinde.«

Rusco, der bereits im Bilde war, trat vor. »Diejenigen, die nicht auf eine Unterweisung warten wollen oder keine gute Hand im Bannzeichnen haben, können in unserem Laden fertige Schutzsymbole gegen diese raffinierten Dämonen erstehen. Wir haben alles vorrätig –

Gedankensiegel zum Aufstempeln, als Kettenanhänger, Hutbänder, sogar Platten, die ihr mit Leim auf euren Lieblingshelm kleben könnt.«

»Wie viel verlangst du für einen Satz solcher Platten, Vielfraß?«, schrie Mack Weide.

Rusco verschränkte die Arme. »Zwanzig Kredits.«

Die Leute schnappten nach Luft. Mit zwanzig Kredits konnte man eine fünfköpfige Familie einen Monat lang ernähren. Der Gemeinde ging es so gut wie noch nie zuvor, aber nur wenige Leute konnten sich diese Ausgabe leisten.

»Du bist und bleibst ein Gauner!«, krähte Mack. »Du willst uns schröpfen, obwohl der Kurier gesagt hat, wir müssen zusammenhalten!«

Viele Leute nickten zustimmend, auch ein paar von Selias Bürgerwehr schlossen sich an. Ruscos Geldgier war geradezu sprichwörtlich.

Selia ließ ihren Speer auf den Verandaboden knallen, ähnlich wie Jeorje es getan hatte. »Zehn!«

Der Ausruf brachte die empörte Menge zum Schweigen. Aller Augen wandten sich ihr zu. Mit hoch erhobenem Kinn starrte sie den wütenden Rusco an, als warte sie nur darauf, dass er ihr widersprach.

Rusco Vielfraß war kein Narr. Nicht zum ersten Mal stand er einer aufgebrachten Menschenmenge gegenüber, und ohne Selia, die bis jetzt noch jedes Mal die Wogen geglättet hatte, wäre er längst wegen seiner unlauteren Machenschaften aufgeknüpft worden. Er setzte eine gütige Miene auf und deutete ein zustimmendes Nicken an.

»Zehn!« Jetzt stampfte Jeorje mit seinem Stock auf, und dieses Mal musste Selia ihren Zorn runterschlucken. Immer, wenn Jeorje sich nicht als Wortführer aufspielen konnte, sorgte er dafür, dass er das letzte Wort behielt, um die Leute glauben zu machen, jeder Beschluss des Stadtrats fuße auf seiner eigenen, persönlichen Meinung.

Er starrte Selia ebenso herausfordernd an, wie sie Rusco angesehen hatte, als sehne er sich geradezu danach, dass sie sich ihm in aller Öffentlichkeit widersetzte.

Aber alles, was Selia in dieser Situation hätte sagen können, wäre als Nörgelei und Bockigkeit aufgefasst worden, und das wusste Jeorje. Die Leute, die außerhalb von Südwache lebten, hatten für den Sprecher nichts übrig, doch jeder fürchtete ihn. Der alte Südwächter verlangte den Menschen viel ab, und wenn sie dann mal versagten, war er schnell mit Strafen bei der Hand.

»Der Stadtrat sollte die Preise für sämtliche Güter im Gemischtwarenladen per Gesetz festlegen«, schrie Mack. »Damit der Vielfraß sie nicht erhöht, um den Verlust wieder wettzumachen.«

Rusco hob einen Finger, worauf seine Ladenwächter einen Kreis um ihn schlossen und jeden, der sich ihnen näherte, bedrohlich anglotzten. »Du brauchst ja nicht bei mir einzukaufen, Mack Weide. Keiner zwingt dich dazu.«

»Jetzt reicht es aber!«, brüllte Jeph, dem die Geduld ausging. »Du willst Rusco nicht bezahlen, Mack? Dann lerne doch selbst, Siegel zu zeichnen! Gerade habe ich gesagt, dass sie kostenlos weitergegeben werden!«

»Wieso hat der Kurier nur dich in all diese Sachen eingeweiht, Jeph, und nicht den Stadtrat?«, fragte Raddock Advokat in zänkischem Ton. »Dieses ganze Gerede über Dämonen, die wie Menschen aussehen und Gedanken lesen, klingt wie eine Fabel von Jak Schuppenzunge.«

»Vielleicht ist Jak Schuppenzunge ja gar keine Erfindung«, gab Jeph zurück.

»Das beantwortet nicht meine Frage. Warum hat der Kurier bloß dir diese Geschichten erzählt?« Raddock war unbeliebt und genoss lediglich in seiner eigenen Sippe ein gewisses Ansehen. Doch sein weißer Bart wurde respektiert, vor allen Dingen, weil es in der Gemeinde kaum noch jemanden gab, dem man sein wahres Alter ansah. Die Menge verlangte jetzt auch nach einer Antwort auf seine Frage.

Jeph straffte die Schultern und sah Raddock ins Gesicht. »Weil der Kurier Arlen war, mein ältester Sohn.«

Selbst Raddock Advokat und Mack Weide verschlug es die Sprache. Die Leute schwiegen verblüfft und betroffen.

Der Kurier wurde in Tibbets Bach geradezu verehrt. Die eine Hälfte der Einwohner glaubte fest daran, dass er der zurückgekehrte Erlöser sei, die andere hielt es immerhin für möglich. Nur ein Dummkopf würde jetzt als Erster das Wort ergreifen.

Jeorje knallte seinen Stock auf den Boden. In seinen Augen lag ein harter Blick, doch ob der Grund dafür religiöser Eifer war oder die Furcht vor einem Rivalen, vermochte Selia nicht zu sagen.

»Ihr alle wisst, dass meine erste Frau, Silvy, von den Horclingen getötet wurde.« Jeph zeigte auf eine Stelle in seinem Hof. »Genau dort.« Die Menschen, die auf diesem Fleck standen, setzten sich nervös in Bewegung, als befürchteten sie, der Ort sei verflucht.

»Aber keiner weiß, dass ich auf dieser Veranda stand, so wie jetzt, mich hinter den Siegeln versteckte und tatenlos zusah«, fuhr Jeph fort.

Die Leute schnappten nach Luft.

»Damals gab es noch keine Kampfsiegel. Ich glaubte, ich müsste ebenfalls sterben, wenn ich auf einen Hof hinausging, in dem es vor Dämonen wimmelte. Ich glaubte nicht, dass ich überhaupt etwas ausrichten könnte.« Jeph schüttelte den Kopf. »Mein Sohn Arlen sah das anders. Er dachte nur an seine Mutter, die von den Horclingen zerfleischt wurde. Er rannte auf den Hof, schlug mit einem Melkeimer den Flammendämon von Silvys Rücken und schleppte sie hinter die Siegel des Schweinepferchs, wo er die ganze Nacht lang mit seiner schwer verletzten Mutter ausharrte.«

Selia sah, wie Jephs Muskeln sich verkrampften und seine Fingerknöchel weiß wurden, während er das Geländer der Veranda umklammerte. »Als seine Mam zwei Tage später starb, konnte Arlen mir nicht verzeihen. Der Schöpfer sei mein Zeuge, das werde ich ihm nie verübeln. Er lief fort und begegnete dem Kurier Ragen, der sich auf dem Rückweg nach Miln befand. Auf diese Weise gelangte er in die Freien Städte.«

»Warum kam er zurück?«, brüllte jemand.

»Mein Junge entdeckte die Kampfsiegel«, sagte Jeph. »Er kam zurück, um dafür zu sorgen, dass niemand mehr so elend sterben muss wie seine Mam. Aber das ist noch nicht alles.«

Jeph drehte sich um und sah Raddock Advokat und Garric Fischer scharf an. »Arlen und Renna Gerber wurden einander im Jahr 319 NR versprochen, kurz bevor

Arlen davonrannte. Er hatte gehört, wie Harl Gerber seine Töchter behandelte, und ich wusste auch Bescheid. Harl sperrte seine Mädchen über Nacht im Abort ein, wenn sie eigensinnig waren, und er legte Hand an sie, als wären sie seine Ehefrauen. Deshalb nahm ich Ilain mit zu mir.«

»Und sie lag in deinem Bett, das noch warm war von Silvy«, knurrte Garric. »Schätze, sie hat dich mit ihren dicken Brüsten betört, so wie Renna Gerber meinen Sohn verführt hatte.«

»Vergiss nicht, dass Arlen Renna auf meinen Hof brachte, Fischer«, sagte Jeph. »Sie saß genau hier und erzählte mir, sie und Cobie hätten heiraten wollen, und das hat der Fürsorger uns ja bestätigt. Harl hat Cobie umgebracht, und dann tötete Renna Harl, bevor er sie als Nächste mit dem Messer aufschlitzen konnte.«

»Und wenn das kleine Biest ihrem Vater gehorcht hätte, wären alle noch am Leben«, fauchte Garric. »Diese Gerber-Huren haben Tibbets Bach nichts als Ärger beschert.«

Lucik Torfstecher erstarrte. Sein Blick huschte zu Beni. Dann drehte er sich mit blitzenden Augen zu Garric um, aber mit einer Handbewegung hielt Jeph ihn zurück. Er war nie ein tapferer Mann gewesen, nun jedoch schritt er resolut die Verandatreppe hinunter und näherte sich Garric. Die Leute wichen beiseite und machten ihm den Weg frei.

»Jeph, du kommst sofort auf die Veranda zurück!«, schnauzte Selia.

»Du magst zwar die Gemeindesprecherin sein, Selia, aber ich spreche für diesen Weiler, und wir befinden uns auf meinem Grund und Boden.« Die ganze Zeit über behielt er Garric im Auge. »Ich wäre dir dankbar, wenn du dich aus dieser Sache heraushalten würdest.«

Jeorje ließ seinen Stock auf den Boden krachen. »Jeder Mann hat das Recht, Genugtuung zu fordern.« Die Worte waren allgemein gehalten, sodass Jeorje unabhängig vom Ausgang dieses Streites behaupten konnte, er selbst oder der Schöpfer hätten das Ergebnis gewollt.

Festen Schrittes steuerte Jeph auf Garric zu. Doch der war größer und massiger als er und dachte nicht daran, klein beizugeben. »Sag das noch mal!«, grollte Jeph, als die beiden Männer sich Nase an Nase gegenüberstanden.

Garric wich ein wenig zurück, aber Selia sah, dass er sich leicht vornüberbeugte und sich mit den Füßen einen festen Halt auf dem Boden verschaffte.

Sie rüstete sich, schreiend von der Veranda zu stürzen und einzuschreiten, aber etwas an Jephs Körperhaltung bremste diesen Impuls. Ihr Vater hatte die Kinder von Stadtplatz im Faustkampf unterrichtet, und Jeph schien sich an das Gelernte zu erinnern. Als Garric zu einem Schlag ausholte, fing Jeph den Hieb mit seinem angewinkelten linken Arm ab, dann rammte er dem Fischer seine Rechte gegen die Nase.

Garric taumelte nach hinten, blieb jedoch auf den Beinen. Er hätte vielleicht weitergekämpft, aber Jeph ging zum Angriff über und landete ein paar Körpertreffer, die Garric vornüberkippen ließen und ihm die Luft aus den Lungen trieben. Dann machte Garric einen Satz, schlang seine kräftigen Arme um Jeph und versuchte ihn zu Boden zu ringen. Jeph hingegen stemmte sich mit dem linken Fuß ab, nutzte Garrics Klammergriff, um ihn festzuhalten, und stieß ihm das rechte Knie gegen die Brust.

Zum Schluss schubste er Garric von sich weg und verpasste ihm einen gezielten Tritt, der den Fischer gegen seine versammelte Sippschaft schleuderte, die den Kampfplatz umringte. Mit erhobenen Fäusten wartete Jeph ab, doch Garric konnte oder wollte nicht vom Boden aufstehen. Jeorje, der zweifelsohne auf einen anderen Ausgang des Kampfes gehofft hatte, schüttelte leicht den Kopf.

Die Schmucke Coline sprang von der Veranda und drängte sich an Jeph vorbei, um Garric zu versorgen. Blut strömte aus seiner gebrochenen Nase, die bereits dick angeschwollen war.

»Ist der Horc in dich gefahren, Jeph?«, kreischte Coline. »Schämst du dich so sehr, für einen Feigling gehalten zu werden, dass du dich aufführst wie ein Dämon?«

»Ich bin kein Horcling, aber feige bin ich auch nicht mehr.« Mit ausgestrecktem Finger zeigte Jeph auf Coline. »Und du hast kein Recht, mich zu beschimpfen. Wenn du als Kräutersammlerin nur halb so gut wärst, wie du immer behauptest, könnte meine Silvy noch leben, und nichts von alledem wäre passiert.«

»Das ist ungerecht!«, wehrte sich Coline.

»Ay«, schrie Jeph. »Aber im Leben geht es nicht immer gerecht zu. Was meiner Familie oder Cobie Fischer zugestoßen ist, war ungerecht. Was die Gerber-Mädchen erdulden mussten, war ungerecht. Aber heute Nacht ist Schluss mit all diesen Ungerechtigkeiten. Und wem das nicht passt, der soll von meinem Hof verschwinden!«

»Willst du damit etwa sagen, dein Sohn sei der Erlöser?« Raddock kam und stellte sich so vor Coline und

Garric, dass die Blicke der Umstehenden auf seinen verletzten Anverwandten gezogen wurden. »Und dass er Fischweiher mit Absicht ausgegrenzt hat?«

»Niemand behauptet so etwas«, warf Selia ein. »Die Fischer-Sippe hat sich selbst ausgegrenzt, als sie dafür stimmte, ein Mädchen den Horclingen zu überlassen, das noch nicht einmal imstande war, etwas zu seiner Verteidigung vorzubringen. Aber es ist noch nicht zu spät, um dieses Unrecht einzusehen und zu bereuen. Danach könnte in der Gemeinde wieder Friede einkehren.«

Raddock funkelte sie wütend an. »Dabei ist es nicht das erste Mal, dass die Gemeinde wegen eines Mädchens, das den Horclingen ausgeliefert wurde, gespalten ist, nicht wahr, Sprecherin?«

Selia lief es eiskalt über den Rücken.

»Und trotzdem führst du hier das große Wort, bist wieder mal mitten drin im Schlamassel.« Raddocks Blick wanderte über Selias Bürgerwehr. »Ich frage mich, wessen Leben du dieses Mal zerstören wirst.«

Selia ballte eine Faust und rang um Selbstbeherrschung. Am liebsten wäre sie auf Raddock losgegangen und hätte den alten Mann verprügelt, so wie Jeph Garric verdroschen hatte. Die Mitglieder der Bürgerwehr waren zu jung, um zu verstehen, worauf Raddock anspielte, und die Leute tauschten verwirrte Blicke. Aber Selia wusste Bescheid. Raddock hatte nicht alle Kämpfer angeschaut, nur die Frauen.

»Die Ältesten in Tibbets Bach wissen, was ich meine!«, donnerte Raddock, als man Garric auf eine Trage legte und die Fischer-Sippe geschlossen abzog.

Jeorje warf Selia einen Blick zu, in dem sich Abscheu und ein tief sitzender Hass spiegelten. Sie machte sich auf harsche Worte gefasst, doch Jeorje sagte nichts, sondern schob sich nur an ihr vorbei, um die Südwächter und Sumpfländer anzuführen, die als Nächste Jephs Land verließen.

Ein paar Leute verweilten noch auf dem Hof, doch sie hielten Abstand, während sich die restlichen Sprecher versammelten.

Meada legte eine Hand auf Selias Arm. »Es war nicht deine Schuld, Selia, egal, was der alte Raddock da faselt.«

»Wieso hat er gesagt, die Ältesten in Tibbets Bach wüssten, was er meint?«, wunderte sich Jeph.

Selia seufzte. »Du bist nicht der einzige Feigling, der ein Geheimnis hütet, Jeph. Als du noch ein Junge warst, hat man da auf dem Schulhof über den Bund der Warmen Schwestern gesprochen?«

Jeph wurde rot. »Ay, aber das hat doch nichts zu tun mit ...«

»Ich war diejenige, die den Bund gründete.«

2

Der Bund der Warmen Schwestern

284 NR

Die Sonne hatte die Dämonen verjagt, aber im Schatten unter dem Schutzdach hinter dem Schulhaus war es noch dunkel. Selia drückte Deardra Fischer gegen die Mauer und küsste sie leidenschaftlich.

Deardra war alles andere als unwillig. Sie griff in Selias Haar und drohte die Haarnadeln herauszuziehen. Selias Herz hämmerte wie die Füße von Schulkindern beim Ertönen der Nachmittagsglocke. Für diese gestohlenen Momente lebte sie. Ihre Hand glitt an Deardras Rücken herunter, umfasste durch den dünnen Rock ihre Pobacken und zog das Mädchen noch näher heran.

»Wir …«, keuchte Deardra zwischen zwei Küssen. »Wir müssen aufhören. Jeden Augenblick kann die Glocke läuten, und wenn wir nicht da sind, wird Raddock nach uns suchen.«

»Soll er doch«, sagte Selia.

Deardra legte ihre Hände auf Selias Brüste. Selia wollte sich ihr entgegenwölben, aber Deardra stieß sie zurück. »Ein schöner Anblick wäre das – seine Schwester, die hinter der Schule seine Anverlobte küsst.«

Selia verschränkte die Arme. »Raddock und ich sind nicht miteinander verlobt.«

»Aber so gut wie«, behauptete Deardra. »Demnächst wird Dad bei Edwar vorsprechen.«

Selia spürte einen bohrenden Schmerz in ihrem Innern, als wolle sich ein Dämon mit seinen Krallen den Weg nach draußen bahnen. »Ich will Raddock nicht heiraten.«

»Beim Schöpfer, warum denn nicht?«, fragte Deardra. »Wenn Dad sich zur Ruhe setzt, wird er mit Sicherheit der nächste Sprecher von Fischweiher. In ganz Tibbets Bach gibt es keinen Mann mit besseren Zukunftsaussichten.«

»Ich habe meine eigenen Pläne und meine eigenen Zukunftsaussichten.« Selia lächelte und beugte sich zu einem weiteren Kuss vor. »Ich brauche keinen Mann. Ich hab ja Deardra Fischer.«

Deardra entwand sich ihr. »Bei der Nacht, Selia. Der Bund der Warmen Schwestern ist ein herrlicher Jux, aber doch nur, bis wir Ehemänner finden. Wir sind doch eh nur zwei Mitglieder.«

Selia lächelte angestrengt und versuchte sich nicht anmerken zu lassen, wie sehr die Worte sie kränkten. Deardra streckte die Hand aus und streichelte Selias Arm. »Es hat nichts zu bedeuten …«

Sie unterbrach sich, als die große Glocke auf dem Dach des Schulhauses zu läuten begann. Beide Mädchen fuhren erschrocken zusammen.

Dann knirschte der Kies, mit dem der Hof bestreut war, und der junge Harl Gerber rannte barfuß an ihnen vorbei in die Schule.

Deardras Augen weiteten sich. »Glaubst du, der hat uns …«

»Und wenn schon.« Selia löste sich aus Deardras Griff und glättete ihr Kleid. »Ist doch ohnehin nur ein Jux, bis wir Ehemänner finden, ay?«

»Beim Schöpfer, Selia«, fauchte Deardra. »Du weißt genau, was …«

»Harl Gerber war noch kein einziges Mal pünktlich in der Schule.« Selia drehte sich um und steuerte auf die Tür zu. »Nie und nimmer war er früh genug hier, um uns nachzuspionieren.«

Als sie um die Ecke bogen, wartete Raddock an der Treppe auf sie. »Wo wart ihr zwei? Die Schulmeisterin ist schon ungeduldig.« Das große Klassenzimmer hallte wider von Kinderstimmen.

»Wir haben bloß die Siegel überprüft.« Selia schlug einen schnippischen Ton an, weil sie fand, es ginge ihn nichts an, wie sie ihre Zeit verbrachte. Was für eine Anmaßung, sie überhaupt zu fragen. Er war nur wenige Sommer älter als sie, und sie waren einander nicht versprochen, ganz gleich, was die Fischer-Sippschaft glaubte.

Selias Mutter Lory stand am vorderen Pult, zusammen mit der fünfzehn Jahre alten Meada Torfstecher und einer jungen Frau, die so schön war, dass es Selia den Atem verschlug. Deardra blickte sie an und quittierte ihre offenkundige Begeisterung mit einem Stirnrunzeln. In einer Gemeinde, die so klein war wie Tibbets Bach, kannte jeder jeden, aber die junge Frau trug die altmodische, strenge Kleidung des Weilers Südwache – schwarzer Rock, hochgeschlossene weiße Bluse und auf dem Kopf eine biedere Haube. Die Südwächter hatten ihre eigene Schule und ihr eigenes Heiliges Haus. Manche von ihnen kamen ihr Leben lang nicht nach Stadtplatz, es sei denn, sie nahmen an den dort stattfindenden Feierlichkeiten zur Sonnenwende teil.

»Da seid ihr ja endlich«, begrüßte Lory sie. »Volles Haus heute. Ich habe Meada gebeten, bei den Kleinen auszuhelfen.«

Es war Sechsttag – Markttag – und obendrein mitten in der Ernte. Um diese Jahreszeit war die Schule immer überfüllt. Eltern luden ihre Kinder dort ab, damit sie in aller Ruhe auf dem Marktplatz einkaufen konnten. Für viele Kinder in Tibbets Bach war der Markttag der einzige Tag in der Woche, an dem sie in die Schule gingen, und Selias Mutter bemühte sich nach Kräften, ihnen dann möglichst viel beizubringen. Die meisten Kinder lernten das Bannzeichnen in ihrem Elternhaus, aber nur wenige konnten lesen und schreiben, und beim Rechnen kamen sie nicht über das Zählen ihres Viehbestands hinaus.

»Das ist Anjy Südwächter.« Lory deutete auf die junge Frau. »Sie wird eine Zeit lang im oberen Raum wohnen und helfen, die Kinder aus ihrem Dorf zu unterrichten, wenn sie an Markttagen zu uns kommen. Selia, könntest du dich ein bisschen um sie kümmern?«

»Aber gern«, platzte Selia heraus.

»Ich frage mich, was mit ihr nicht stimmt«, stichelte Deardra. »Offenbar wollen die Südwächter sie für eine Weile loswerden.«

»Sie ist auf der Suche nach einem Ehemann«, mutmaßte Raddock. »Manchmal schicken die Südwächter ein hübsches Mädchen in ein anderes Dorf, damit sie sich dort einen kräftigen, starken Mann angelt, den sie in ihrem Weiler gut gebrauchen können.«

»So hübsch ist sie nun auch wieder nicht«, murrte Deardra.

Lory schlug mit ihrem Lineal auf das Pult, und die lärmenden Kinder verstummten. »Jeder holt sich eine Tafel!«

Chaos brach aus, als Dutzende schmutziger Kinder, viele von ihnen barfuß, um die aufgetürmten Schiefertafeln herumwuselten und Kreidestücke aus einem Kübel fischten. Bald waren die schmuddeligen Latzhosen und Röcke mit weißem Staub gepudert.

Eine Ausnahme bildeten die Schülerinnen und Schüler von Südwache. Deren weiße Blusen und Hemden waren blütenrein, die Stiefel und Schuhe auf Hochglanz poliert. Jedes Kind brachte seine eigene Tafel mit, und die Kreide wurde gehandhabt, ohne dass ein Krümel auf die Kleidung fiel.

Die Südwächter saßen brav in ordentlichen Reihen und sahen die Schulmeisterin aufmerksam an. Lory unterrichtete die älteren Kinder in Lektüre für Fortgeschrittene und höhere Mathematik, während Selia und die anderen Hilfskräfte die übrigen Schüler in Gruppen für simplere Lektionen einteilten.

Anjy übernahm die jüngeren Kinder aus Südwache. Selia beobachtete sie ein bisschen länger, als es sich schickte, dann riss sie sich von dem Anblick los, wandte sich ihrer eigenen Gruppe zu und hoffte, niemand hätte etwas bemerkt. »Ihr besitzt einhundertundfünfzig Rinder.«

»Wir ha'm nich' mal halb so viel«, sagte Mack Weide.

»Hier geht es um eine Rechenaufgabe«, erklärte Selia geduldig. »Stell dir vor, ihr besitzt einhundertundfünfzig Rinder.«

Mack schloss die Augen, zog die Stirn kraus und musste sich gewaltig anstrengen, um sich einen derartigen Reichtum vorzustellen. »Is' gut, ich hab's kapiert.«

Am liebsten hätte Selia die Augen verdreht. »Ihr verkauft zehn Prozent von dieser Herde. Wie viele Rinder bleiben euch dann noch?«

Das Lächeln auf Macks Gesicht erlosch. Er öffnete ein Auge, als zögere er, sich von der eingebildeten Rinderherde zu trennen. »Einhundert … vierzig?«

»Einhundertfünfunddreißig, du Blödmann!« Harl Gerber spuckte aus.

»Jetzt reicht es aber, Harl Gerber!«, schimpfte Selia. »Ich hab dir doch gesagt, was passiert, wenn du noch einmal in der Schule auf den Fußboden spuckst!«

Harls Gesicht wurde leichenblass. »Ay, bitte. Verpetz mich nicht bei meinem Dad. Sonst heißt es wieder ab in den Abort!«

Selia kannte diese Redewendung nicht, aber sie konnte sich denken, was sie bedeutete. Der junge Harl war gut darin, andere einzuschüchtern, wobei er selbst gegen Furcht gefeit schien. Wenn er solche Angst vor seinem Vater hatte, dann gab es dafür einen triftigen Grund. »Dann wisch den Boden sofort wieder sauber!«

Harl hockte auf den Knien, in der Hand eine Bürste, neben sich einen Eimer Wasser, als Lory die Glocke läutete und die anderen Kinder nach draußen auf den Hof drängten.

Raddock und die übrigen Hilfskräfte gesellten sich zu Selia, während die Schüler an ihnen vorbeirannten. »Du solltest es seinem Vater trotzdem sagen.«

Selia deutete mit dem Kinn auf Harl. »Warum, wenn die bloße Androhung genügt, damit er spurt?«

»Dad sagt, eine Lektion sitzt nur dann, wenn sie von einer Tracht Prügel begleitet wird«, erwiderte Raddock.

»Die Gerbers sperren ihre Kinder im Abort ein, um sie zu strafen«, sagte Selia.

»Wie auch immer, der Kerl braucht eine tüchtige Abreibung.« Raddock sprach so laut, dass Harl ihn hörte. Der Junge blickte hoch.

Platschend landete die Bürste im Eimer. Harl sprang auf die Füße und näherte sich Raddock. »Was hast du gerade gesagt, Fischer? Ich hab mich wohl verhört.«

Raddock war zweiundzwanzig Jahre alt und Harl erst dreizehn, doch vor dem starren Blick des Jungen wich er zurück. Erst als er merkte, dass Selia ihn beobachtete, fasste Raddock sich ein Herz und trat einen Schritt vor. »Ich sagte, dass dein Vater davon erfahren muss.«

Harl lachte. »Dass ich auf den Fußboden gespuckt hab? Die Strafe, die ich dafür krieg, ist nichts, verglichen mit dem, was mir blüht, wenn er hört, dass ich mich von einem stinkenden Fischer hab runtermachen lassen.«

Raddock hielt Harl einen Finger vors Gesicht. »Pass bloß auf, du kleiner …!«

Er schrie, als Harl den Finger packte, ihn mit einem Ruck zur Seite bog und ihm eine Faust ins Gesicht rammte. Als Raddock rückwärts taumelte, fletschte Harl die Zähne und sprang ihn an. Beide fielen zu Boden.

»Schluss damit!« Mit einem lauten Klatschen landete Lorys Lineal auf Harls Schultern. Der Junge stieß einen Schrei aus, und Selia spannte ihre Muskeln an. Sie wollte sich schon dazwischenwerfen, als der Junge seinen wilden Blick auf ihre Mutter richtete.

Lory blieb unbeeindruckt. Abermals sauste das Lineal herab, und jaulend ließ Harl von Raddock ab. »Raus aus meiner Schule, Harl Gerber. Ich lass dich erst wieder rein, wenn ich mit deiner Mutter gesprochen habe. Richte ihr aus, dass ich sie sehen will!« Wieder hieb sie mit dem Lineal auf Harls Rücken ein. Der Junge flitzte an den anderen Schülern vorbei und verschwand durch die Tür. Gelächter folgte ihm.

»Bei der Nacht, ich glaube, er hat mir den Finger gebrochen.« Raddock stöhnte.

»Geschieht dir recht«, schnauzte Lory. »Selia hatte Harl gut im Griff, bevor du dich dazu aufgeschwungen hast, den Richter zu spielen.«

»Ay, gnädige Frau. Tut mir leid, gnädige Frau.« Raddock umklammerte mit der linken Hand seine rechte. Der Zeigefinger stand tatsächlich in einem seltsamen Winkel ab.

»Lass mich mal sehen.« Lory schnappte sich die verletzte Hand und begutachtete den Schaden. »Der Finger ist ausgerenkt, nicht gebrochen. Geh zur Schmucken Sallie. Sie gibt dir was zum Draufbeißen, wenn sie das Gelenk wieder einrenkt.«

»Ich werde dieses kleine Stück Dämonenscheiße ersäufen«, knurrte Raddock, als sie hinter den Kindern zur Tür hinausgingen.

»Darauf würde ich nicht wetten.« Deardra deutete mit einem Kopfnicken auf Harl, der sich zu den Jungen und der Handvoll Mädchen gestellt hatte, die sich zu Edwars allwöchentlichem Boxunterricht im Hof versammelten. »Harl lernt, wie man anderen Leute die Nase bricht, während du deine Nase in Bücher steckst.«

»Die Schulmeisterin hat ihn aus der Schule rausgeschmissen«, begehrte Raddock auf. »Folglich darf er auch nicht am Boxunterricht teilnehmen. Man muss dem Sprecher Bescheid sagen …«

»Wenn Vater Bescheid wissen muss, dann wird Mutter mit ihm reden«, fiel Selia ihm ins Wort. »Du wirst schon sehen, was passiert, wenn du dir herausnimmst, an ihrer Stelle zu sprechen.«

»Dann sperrt Lory dich in den Abort«, lachte Deardra. Raddock warf seiner Schwester einen empörten Blick zu und stieß zischend den Atem durch die geschwollene Nase aus.

»Großvater hätte dem Jungen das Fell über die Ohren gezogen, weil er im Klassenzimmer eine Prügelei angefangen hat«, sagte Anjy.

»Großvater?«, fragte Selia. Anjy zeigte auf Jeorje Südwächter, der mit Selias Vater und Fürsorger Stewart zusammenstand, während die Kinder sich zum Boxunterricht aufstellten. Edwar winkte sie zu sich.

»Ich werde nie begreifen, warum du Kindern diesen brutalen Sport beibringst«, sagte Fürsorger Stewart gerade. Seine schmächtige Gestalt steckte in einer schlichten braunen Kutte. Er hatte in der Stadt seine Ausbildung gemacht und war dann nach Tibbets Bach gekommen, um das Wort des Schöpfers zu verkünden.

»Das ist kein Sport, Fürsorger.« Jeorje war hochgewachsen und stand kerzengerade da, während er von oben herab dem Fürsorger in die Augen blickte. »Ein Mann muss sich verteidigen können. *Der Schöpfer hilft zuerst denen, die einen Speer in der Hand tragen.*« Jeorje zählte über sechzig Winter, sein kurz getrimmter schwarzer Bart war von grauen Strähnen durchzogen und passte trefflich zu seiner schwarzen und weißen Bekleidung.

»Gegen wen sollte sich denn ein Mann verteidigen?« Stewart unterbrach den Blickkontakt und schaute stattdessen zum Himmel hinauf. »*In Zeiten des Fluches müssen alle Menschen zusammenstehen.*«

»Ay«, stimmte Jeorje zu. »Um sich von den Sündern zu befreien, die den Fluch über die Menschheit gebracht haben.« Mit seinem Gehstock deutete er auf eine kleine Gruppe Mädchen, die ebenfalls am Boxunterricht teilnahmen. »Aber Mädchen das Kämpfen zu lehren widerspricht dem Kanon.«

»Ich unterrichte jeden, der den Faustkampf lernen will.« Edwar nickte der jungen Frau zu, die neben Jeorje stand. »Ein Mädchen sollte imstande sein, sich mit einem rechten Haken einen Jungen vom Leib zu halten, der ihr zu nahe tritt.«

Bei diesen Worten bekam Anjy große Augen. Sie spreizte ihre Röcke und knickste. »Bitte, Großvater, darf ich auch Boxen lernen?«

»Auf gar keinen Fall.« Jeorje verschränkte die Arme und strafte Edwar mit einem säuerlichen Blick ab. »Die Fäuste eines Mädchens sind das Letzte, worüber sich ein Bursche aus Südwache Sorgen machen muss, wenn er so dumm ist, Hand an eine Frau zu legen, mit der er nicht verheiratet ist.«

»Wirklich und wahrhaftig«, pflichtete Edwar ihm bei. »Selia, Anjy war noch nie allein auf dem Markt. Ich schlage vor, du und die anderen führt sie herum und zeigt ihr alles.«

»Natürlich, das machen wir gern«, sagte Selia. »Wir gehen ohnehin in die Richtung. Raddock ... hat sich den Finger verletzt und muss die Schmucke Sallie aufsuchen.«

»Lässt dein Vater dich auch nicht am Boxunterricht teilnehmen?«, fragte Anjy, als sie die Straße entlang gingen, die zum Marktplatz führte. Raddock führte die Gruppe mit zornigen Schritten an.

»Er gibt mir Einzelunterricht«, sagte Selia. »Dad will nicht, dass die Jungen wissen, wie gut ich kämpfen kann.«

»Der Kerl, der es wagt, seine Hand hier drauf zu legen, erlebt sein blaues Wunder!« Deardra kniff Selia in den Hintern, und beide Mädchen lachten. Raddock blickte finster drein, aber Meada war an derlei gewöhnt und konzentrierte sich auf die vor ihnen liegende Straße. Anjy wurde rot, doch sie wandte den Blick nicht ab.

Deardra zwinkerte Selia zu. »Was hat dich veranlasst, nach Stadtplatz zu ziehen, Anjy?«

»Großvater meint, für mich sei es höchste Zeit, einen Ehemann zu finden«, antwortete Anjy. »Aber in Südwache gibt es nicht viele Burschen in meinem Alter. Er sagt, keine seiner Enkeltöchter dürfe die zweite Gemahlin eines Mannes werden.«

»Beim Horc, da hat er verdammt noch mal recht«, sagte Deardra. Bei diesen lästerlichen Worten schnappte Anjy nach Luft, aber sie enthielt sich jeden Tadels.

»Du bist also auf der Suche nach Liebe«, kommentierte Selia.

Anjy zuckte mit den Schultern. »Großvater sagt, wenn ein Paar zusammenpasst, kommt die Liebe mit der Zeit.«

»Das ist wohl wahr.« Raddock sah Selia vielsagend an.

Selia stemmte die Hände in die Hüften. »Und woher willst du das wissen, Raddock Fischer?«

Raddock blieb ihr eine Antwort schuldig und schlug ein noch schärferes Tempo an. Stadtplatz war vollgepackt mit Karren und Verkaufsständen, weil Hunderte von Menschen sich eingefunden hatten, um Waren feilzubieten oder zu erwerben. Von allen Seiten hörte man Gebrüll und Gelächter. Die Aromen von warmen Speisen und frischen Produkten vermischten sich mit den Ausdünstungen der Tiere, und dazwischen stank es nach glühend erhitztem Eisen, das zischend in Wasser versank. An manchen Ständen drohten Handgreiflichkeiten, wenn Kunden sich beim Feilschen übervorteilt fühlten.

Anjy blieb jählings stehen, und die anderen merkten es erst, als sie ein paar Schritte weitergegangen waren. »Hier herrscht ein solches … Gedränge.«

»Du wirst dich dran gewöhnen«, versicherte Selia, während sie und Deardra die junge Frau in die Mitte nahmen, sich bei ihr einhakten und sie mitten hinein ins Gewühl schoben. Anjys Kopf flog hin und her, als sie versuchte, die vielen ungewohnten Bilder in sich aufzunehmen, und die ganze Zeit über folgten sie Raddock, der eilig auf die Bude der Familie Schmuck zustrebte.

Harve Schmuck, auch der Schmucke Harve genannt, war ein freundlicher Mann von Ende dreißig, mit sanften Händen und schmutzigen Fingernägeln. Er arbeitete vor seiner Bude, kümmerte sich um seine Topfpflanzen und die zu Pulver zerriebenen Kräuter, mischte Heilmittel und braute gesundheitsfördernde Tränke. Nach einem Blick auf Raddocks krummen Finger schickte er die kleine Gruppe in den hinteren Bereich der Bude.

Die Schmucke Sallie, die örtliche Hebamme, war größer als ihr Mann und hatte dralle, muskulöse Arme. Mit ernster Miene starrte sie Raddock an, als er ihr seinen Finger zeigte. »Hast du dich geprügelt?«

»Nein, gnädige Frau«, sagte Raddock.

»Harl Gerber hat ihn verdroschen, nachdem Raddock ihm blöde kam«, erläuterte Deardra mit Wonne und kassierte dafür von ihrem Bruder einen zornigen Blick.

»Mit diesem Rabauken sollte man sich lieber nicht anlegen«, sagte Sallie. »Der Junge verschafft mir mehr Arbeit, als mir lieb ist.« Sie gab Raddock einen Streifen Leder. »Beiß da drauf.«

Kaum hatte Raddock sich das Leder zwischen die Zähne geklemmt, da riss Sallie mit einem heftigen Ruck an seinem Finger und renkte ihn wieder ein. »Grrrmph!«

»Schon fertig«, erklärte Sallie und bandagierte die Hand. »Ein paar Tage lang solltest du die Hand schonen. Es wird wehtun wie der Horc, aber vollständig ausheilen.«

»Ay, Selia«, rief Bil Platz, als sie an seinem Marktstand vorbeikamen. Bil und seine Mutter stellten die besten Steppdecken in ganz Tibbets Bach her.

»Einfach weitergehen.« Raddock legte eine Hand auf ihre Schulter.

»Blödsinn!« Selia schüttelte die Hand ab und ging zu Bil. Er war in ihrem Alter, kleiner als Selia und schmächtiger als Raddock. »Was kann ich für dich tun, Bil?«

»Ich hatte gehofft, du könntest in meinem Namen bei deinem Dad vorsprechen«, sagte Bil. »Eine von Mams

Steppdecken wurde von der Wäscheleine gestohlen. Mabul Hain behauptet, sie hätte das Teil auf Nile Schippers Bett gesehen.«

Nicht zum ersten Mal wandte sich jemand mit irgendeinem Problem an Selia, mit dem er ihren Vater vorerst noch nicht behelligen wollte. Edwar ermutigte ein solches Vorgehen, denn er fand, für sie sei es eine gute Übung, sollte sie irgendwann einmal selbst zur Sprecherin gewählt werden. »Mal abgesehen davon, was Mabul in Niles Schlafzimmer gemacht hat«, erwiderte sie, »hast du Nile schon zur Rede gestellt?«

Bil senkte den Blick. »Nein.«

»Dad ist ein vielbeschäftigter Mann, Bil«, fuhr Selia fort. »Die Aufgabe eines Sprechers ist es, für die Einhaltung der Gesetze zu sorgen, und nicht, die Probleme anderer Leute zu lösen. Komm zu mir, wenn du beweisen kannst, dass Nile die Steppdecke gestohlen hat und nicht bereit ist, sie zu bezahlen. Dann bringe ich dich zu Edwar. Aber er hat keine Geduld mit Leuten, die die Lösung ihrer Probleme auf andere abwälzen.«

Bil nickte. »Ay, Sprech…« Er unterbrach sich. »Selia. Danke.«

»Gern geschehen«, sagte Selia.

»Diese kleine Näherin konnte ich noch nie ausstehen«, knurrte Raddock, als sie ihren Weg fortsetzten. »Hab ich dir schon erzählt, dass er mich einmal in den hinteren Teil seiner Bude locken wollte?«

Deardra lachte. »Wenn er dich das nächste Mal verführen will, lass ihn doch ran. Dann brauchst du dir hinter dem Köderschuppen nicht selbst einen runterzuholen.«

Raddock lief dunkelrot an, während Selia schallend lachte. Sogar Anjy lächelte hinter vorgehaltener Hand.

Am späten Nachmittag zerstreute sich die kleine Gruppe. Selia ging mit Anjy zur Schule zurück und führte sie nach oben in die kleine Kammer neben dem Glockenturm.

»Was Besonderes ist es ja nicht.« Selia deutete auf das Bett, die Kommode und das Schreibpult. »Aber das Zimmer ist warm und trocken.« Sie zog den Vorhang am Fenster zurück. »Und du hast einen prächtigen Ausblick auf den gesamten Ort.« Sie grinste, als Anjy einen leisen Freudenschrei ausstieß.

»Es ist herrlich«, jubelte das Mädchen.

»Kommt mir reichlich merkwürdig vor, auf diese Weise einen Ehemann zu finden«, sagte Selia.

»Hä?«, fragte Anjy.

»Na ja, anstatt dich allein hierher zu schicken, um mit Kindern zu arbeiten, hätte man einfach nur jemanden bitten müssen, nach einem passenden Mann für dich Ausschau zu halten«, erklärte Selia. »Mam wird es nicht gern sehen, wenn du hier oben Männerbesuche empfängst.«

»Ich habe nichts dergleichen vor«, erwiderte Anjy. »Großvater meinte nur, für mich sei es das Beste, ein Weilchen aus Südwache fortzugehen.«

»Steckt vielleicht ein Kerl dahinter?«, fragte Selia.

Anjy wich ihrem Blick aus. »Ay, so was in der Art.«

Selia drückte Anjys Hand. »Du schuldest mir keine Erklärung, und ich werde dich nicht ausfragen. Im übrigen bin ich keine, die andere Menschen verurteilt. Ich möchte gern deine Freundin sein, wenn du magst.«

Jetzt blickte Anjy ihr in die Augen und lächelte sie strahlend an. Selia fühlte sich wie vom Blitz getroffen. Sie schwebte förmlich die Treppe hinunter, Im Klassenzimmer traf sie Harl Gerber, der die Wischlappen ausklopfte. Seine Hände waren weiß vor Kreide.

Selia stemmte die Fäuste in die Hüften. »Du weißt doch, dass du nicht hier drin sein darfst, Harl Gerber.«

»Ich hab die Tafel saubergewischt«, sagte Harl. »Und den Boden gefegt.«

»Na schön.« Betont umständlich holte Selia einen großen Schlüssel aus ihrer Tasche. »Aber jetzt sperre ich hier ab.«

Harl gab keine Widerworte, stapelte die Wischlappen auf dem dafür vorgesehenen Brett und ließ sich von Selia aus der Tür scheuchen.

Während Selia die Schultür abschloss, behielt sie den Jungen im Auge. »Solltest du nicht schleunigst nach Hause laufen? Du hast einen langen Weg, und die Horclinge nehmen keine Rücksicht.«

»Ich muss mit deiner Mam sprechen«, sagte Harl.

Selia steckte den Schlüssel in eine tiefe Tasche ihres Kleides. »Die einzige Person, die mit meiner Mam sprechen muss, ist deine Mutter.«

»Ich tu alles.« Harl klang verzweifelt. »Ich schlepp Latrinenkübel. Hacke Holz. Egal, was deine Mam von mir verlangt.«

»Nichts davon ist eine Wiedergutmachung dafür, dass du einen Lehrer angegriffen hast, Harl.«

»Du ahnst ja nicht, wie mein Dad ist«, sagte Harl. »Wenn er das erfährt, sperrt er mich eine Woche lang im Abort ein.«

»Deshalb will Lory ja mit deiner Mam sprechen und nicht mit ihm«, sagte Selia.

»Sie wird es ihm aber erzählen. Sie würde sich hüten, ihm so was zu verheimlichen.«

Selia verschränkte die Arme. »Daran hättest du denken müssen, bevor du Raddocks Finger ausgerenkt hast.«

Harl machte ein finsteres Gesicht. »Ich verrate dein Geheimnis.«

»Was für ein Geheimnis?«, fauchte Selia.

»Dass du hinter der Schule mit Raddocks Schwester herumknutschst.«

Selias Magen verkrampfte sich, doch dann packte sie die helle Wut. »Du kannst mir nicht drohen, du unverschämter Bengel. Ausgeburt des Horc!« Mit erhobener Faust ging Selia auf ihn zu, und er wich hastig zurück. »Ich bin nicht Raddock Fischer. Ich schlag dir die Zähne aus, und dein Dad wird dich einen Monat lang in den Abort sperren, weil du Lügen verbreitet hast.«

»Das ist keine Lüge!«, trumpfte Harl auf. »Ich hab euch gesehen.«

»Wem werden die Leute wohl eher glauben«, fragte Selia, »der Tochter des Sprechers und der Schulmeisterin, oder der kleinen Ratte, die im Klassenzimmer auf den Boden spuckt und Lehrer angreift?« Sie gab ihm einen Schubs. »Und jetzt lauf nach Hause, ehe du noch mehr Mist baust.«

Harl blähte die Nasenflügel und kniff die Augen zu schmalen Schlitzen zusammen. Selia sah ihm an, dass er sich auf sie stürzen wollte, und hob beide Fäuste. »Untersteh dich!«

Doch Harl spuckte lediglich aus, wirbelte herum und sauste davon. Im Vorbeilaufen schlug er wütend gegen einen Siegelpfosten, ehe er auf die Straße abbog.

Stoff raschelte, und als Selia den Blick hob, sah sie, dass sich der Vorhang an Anjys Fenster bewegte.

Das Läuten der großen Schulglocke riss Selia jählings aus dem Schlaf. In ihrem Zimmer war es stockfinster, doch sie tastete nach ihrem Kleid und zog sich an. Gerade als sie durch die Tür stolperte, kam ihr Vater in die Stube gerannt. Das Feuer im Kamin war zu einer matten Glut heruntergebrannt, doch in dem trüben Lichtschein sah sie das Funkeln von Metall und wusste, dass Edwar seine Rüstung anlegte.

Selia hielt einen Kienspan in die Glut und zündete eine Lampe an. Dann eilte sie zu Edwar, dem Lory half, die Rüstung zuzuschnallen, und legte auch mit Hand an. »Was ist los?«

»Die Siegel am Schulhaus leuchten wie ein Freudenfeuer zur Sonnenwende«, sagte Edwar. »Und es riecht nach Rauch.«

»Horclinge?« Es lief ihr eiskalt über den Rücken. Anjy war ganz allein in der Schule.

»Mit Sicherheit.« Edwar steckte seinen Arm durch die Schildgurte und riss den Speer vom Kaminsims.

Ich hab die Tür verriegelt. Der Gedanke durchzuckte sie, und ehe sie sichs versah, wollte sie auch schon nach dem zweiten Schild greifen. Er bestand aus Holz, nicht aus Stahl wie der ihres Vaters, aber seine Siegel waren stark. »Ich komme mit.«

»Bei der Nacht, du bleibst hier!« Lory trat ihr in den Weg und verschränkte die Arme über der Brust. »Überlass das deinem Vater.« Edwar ging zu Lory, und die drückte ihm einen festen Kuss auf den Mund. »Pass gut auf dich auf.«

»Ich liebe euch beide«, sagte Edwar zu seiner Frau und seiner Tochter, dann drehte er sich um und verschwand in der Nacht. Selia und Lory starrten ihm hinterher, erhaschten nur vereinzelte Blicke auf seine geduckte Gestalt, die von den Blitzen der Siegel beleuchtet wurde, und betrachteten den unheilvollen orangeroten Glast, der die Straße ein Stück weiter unten erhellte.

Doch dann hörte Selia Anjy schreien, und sie konnte nicht länger dastehen und zuschauen. Ehe ihre Mutter sie daran hindern konnte, schnappte sie sich den Ersatzschild und hetzte hinaus in die Nacht.

»Selia, du kommst sofort zurück!«

Selia achtete nicht auf Lorys Rufe und rannte los wie ihr Vater, tief gebückt und so leise wie möglich. Lichter tauchten in Fenstern auf, Leute spähten nach draußen, um zu sehen, was passierte, aber keiner war so töricht, sein durch Siegel gesichertes Haus zu verlassen.

Sie holte ihren Vater ein, als der sich neben den defekten Zaun kauerte. Einer der Siegelpfosten war beschädigt, aber von Flammen keine Spur. Der Pfosten war nur geborsten, und durch die so entstandene Lücke in der Bannzone waren Dämonen auf den Schulhof gelangt. Selia zählte drei dieser Bestien, zwei Flammendämonen und einen mächtigen Felsendämon, doch deren Geheul würde auf jeden Fall weitere Horclinge anlocken. Vor dem mondhellen Himmel gewahrte Selia einen Winddämon. In eleganten Kreisen umschwebte er den von einer Lampe beleuchteten Glockenturm auf dem Dach des Schulhauses, während die große Glocke wie irrsinnig schepperte.

Wenn sie die Glocke läuten kann, ist sie am Leben, dachte Selia. *Also kommen wir nicht zu spät.*

»Beim Horc, Selia«, knurrte Edwar. »Du solltest doch im Haus bleiben!«

»Anjy ist ganz allein hier draußen«, gab sie zurück.

»Und ich könnte ihr besser helfen, wenn du nicht hier wärst.« Edwar spuckte aus, doch er protestierte nicht weiter.

»Worauf warten die Dämonen?«, fragte Selia.

»Die Flammendämonen haben das Haus in Brand gesteckt, aber bis jetzt halten die Siegel noch.« Edwar hob seinen Speer. »Heb deinen Schild hoch und folge mir dichtauf.«

Der Felsendämon sprang mit einem gewaltigen Satz gegen die große Tür des Schulhauses, aber die Siegel blitzten auf, und das Ungeheuer wurde zurückgeschleudert. »Jetzt!« Edwar rannte zur Tür, den Schild am rechten Arm. Selia setzte ihm nach und gab ihnen mit ihrem Schild an der linken Seite Deckung. Einer der Flammendämonen hechtete Edwar entgegen. Das Biest wog höchstens zwanzig Pfund, und er wehrte den Dämon mit seinem Schild ab. Die Siegel flackerten hell, und der Horcling wurde quer über den Hof gefegt.

Der andere Flammendämon spie Selia einen Schwall Feuer entgegen. Sie riss ihren Schild in die Höhe und lenkte im Lauf den glühenden Speichel ab. Doch ein Klumpen des klebrigen Zeugs landete auf dem Saum ihres Kleides, und der Stoff fing Feuer.

Selia schrie, strauchelte und fiel direkt vor der Schultreppe hin. Edwar behielt die Nerven und hievte sie die Stufen hinauf hinter das Siegelnetz. Mit den Stiefeln versuchte er die Flammen am Rocksaum auszutreten, dann schwang er seinen Speer, und die lange Klinge trennte das brennende Stück Stoff einfach ab. Sein gepanzerter Handschuh drehte den Türknauf. »Abgeschlossen!«

»Ich hab den Schlüssel.« Selia fischte ihn aus ihrer Kleidtasche, doch als sie ihn ins Schloss stecken wollte, verbrannte sie sich an dem heißen Metall die bloßen Finger. Mit einem Schmerzensschrei ließ sie den Schlüssel fallen.

»Der Brandherd befindet sich gleich hinter dieser Tür«, sagte Edwar.

»Wir könnten zur hinteren Pforte gehen …«, schlug Selia vor.

»Nicht, wenn die Dämonen auf dem Hof sind«, sagte Edwar. »Mach Platz.«

Als Erstes trat er ans Fenster und stieß das mit Stahl verstärkte Ende seines Speers durch die Glasscheiben. Dann hob er den Schild und versetzte der Tür einen wuchtigen Tritt mit seinem gepanzerten Stiefel. Holz splitterte und bog sich nach innen, aber die Tür hielt stand. Er nahm Anlauf, duckte sich hinter den Schild und sprengte die Tür auf. Polternd landete er auf dem Boden des Schulzimmers.

Selia spürte den Gluthauch, der an ihr vorbeirauschte, als der Türdurchgang Flammen ausrülpste. Rauch wölkte durch die zersplitterten Fensterscheiben. Sie tauchte ihr Taschentuch in die Regentonne und band es sich vor Mund und Nase, ehe sie in das Gebäude eindrang. Die Flammen fraßen sich durch das Klassenzimmer, und fetter Qualm verpestete die Luft. Die Hitze war beinahe unerträglich. Aber für Edwar musste es noch schlimmer sein. Seine Rüstung hatte ihn vor der brennenden Tür geschützt, aber das Metall würde sich schnell erhitzen und ihn bei lebendigem Leib rösten, wenn sie nicht rechtzeitig entkamen.

»Duck dich so tief wie möglich! Mit dem Gesicht dicht am Boden bleiben!«, brüllte Edwar. In gebücktem Lauf arbeiteten sie sich in Richtung Treppe vor.

»Anjy!«, donnerte Edwar. »Anjy Südwächter!«

Es kam keine Antwort. Die Glocke läutete immer noch Sturm, da das Mädchen verzweifelt am Seil zerrte, um Hilfe herbeizurufen. Ein lautes Krachen ertönte, als der Felsendämon wieder versuchte, die durch Rauch geschwächten Siegel zu durchbrechen. Das ganze Schulgebäude bebte, und das Verandageländer brach entzwei. Der Dämon heulte, als magische Ströme seinen Körper schüttelten, doch er zwängte sich durch die Bresche. Edwar selbst hatte die nächste Verteidigungslinie zerstört, und der gigantische Dämon zertrümmerte den Türdurchgang, als er ins Klassenzimmer stürmte.

»Rauf mit dir!« Edwar stieß Selia zu den Treppenstufen, während er sich zu seiner vollen Größe aufrichtete. »Ich locke die Bestie durch die hintere Pforte nach draußen!«

Es war ein verrückter Plan, doch als der Felsendämon nach ihrem Vater schlug, flammte die magische Energie des Schildes auf und trieb den Dämon zurück. Edwar rammte ihm den Speer in das weit aufgerissene Maul. Das Monstrum jaulte vor Schmerz, ließ die Kiefer zuschnappen und zerstörte die Waffe. Dann wirbelte der Horcling herum und peitschte mit dem kräftigen Schwanz auf Edwar ein. Doch die Siegel der Rüstung blitzten wie in einem Gewitter. Edwar wurde zur Seite geschleudert, aber er blieb auf den Füßen. Mit seinem gepanzerten Handschuh hämmerte er gegen den Schild und lotste den Dämon hinter sich her, während Selia die Treppe hinaufflitzte.

Aber der Felsendämon stellte nicht die einzige Gefahr dar. Die Flammendämonen verfolgten sie wie Hunde, die eine Katze jagen, und entzündeten auf ihrem Weg ständig neue Feuer.

Im Obergeschoss war der Qualm nicht mehr so dicht, denn die Luft, die durch die geborstene Tür und das zertrümmerte Fenster hereinwehte, vertrieb die Schwaden. Doch lange würde das nicht mehr so bleiben, wenn sich das Feuer weiter ausbreitete. »Anjy!«, schrie Selia.

Das Glockengeläut verlangsamte sich, als sie sich der Kammer, in der das Seil hing, näherte. Selia ruckelte an der Tür, doch die war von innen verschlossen. Mit der Faust trommelte sie gegen das Holz, während die Dämonen stetig zu ihr aufschlossen.

In dem Moment, als die Tür aufging, stürzte sich ein Dämon auf sie. Selia duckte sich hinter ihren Schild und rammte ihn gegen den Horcling. Der prallte zurück, sodass sie in den Raum hineintaumeln konnte. Hinter ihr knallte Anjy die Tür zu und verriegelte sie, aber zwei Krallen schoben sich wie Nägel durch das Holz, und Selia wusste, dass die Gefahr nicht gebannt war.

»Wir sind hier gefangen!«, kreischte Anjy.

»Die Leiter hoch und in den Glockenturm!«, schrie Selia. Dies zögerte das Unvermeidliche vermutlich nur hinaus, doch solange man lebte, gab es Hoffnung. Anjy riss sich zusammen und fing an zu klettern. Selia schlang sich den Schild über eine Schulter und folgte ihr. Derweil schwärzte sich die Tür vom Feuer, und ein Prankenhieb spaltete die Bretter.

Beim nächsten Angriff platzten die beiden Flammendämonen in die winzige Kammer. Dichter Rauch quoll durch die kaputte Tür und wurde von dem offenen Schacht angezogen. Die Horclinge wollten die Leiter hochkrabbeln, doch ohne Greifhände gelangten selbst die geschmeidigen Flammendämonen nicht hinauf. Stattdessen krallten sie sich an den Wänden fest und hangelten sich an den glatten Mauern genauso schnell nach oben, wie die jungen Frauen klettern konnten.

»Was jetzt?!«, schrie Anjy, als sie es bis in den Glockenturm geschafft hatten. Unter ihnen lag das Dorf, jedes Fenster war hell erleuchtet, aber niemand kam ihnen zu Hilfe.

»Zieh das Seil nach oben!« Selia nahm den Schild wieder von ihrer Schulter und beobachtete die Dämonen, die die Wände hochkletterten. Trotz der Dunkelheit und des Qualms waren sie an ihren glühenden Augen und feurigen Mäulern deutlich zu erkennen.

Sie wartete, während Anjy das Glockenseil hochzog, und als die glühenden Augen näher kamen, spannte sie ihre Muskeln an. Selia rührte sich erst, als die Horclinge sie fast erreicht hatten. Der Dämon, der die Führung übernommen hatte, sammelte Feuerspeichel in seinem Maul und schloss beim Ausspucken die Augen. In diesem Moment schleuderte sie ihren Schild. Er krachte dem Dämon mitten auf die Schnauze, und mit aufblitzenden Flammensiegeln fegte er ihn von seinem Hochsitz herunter. Im Fallen riss er seinen Kameraden mit, und beide purzelten in die Seilkammer hinunter, zusammen mit dem kostbaren Schild.

Den Dämonen war nichts passiert. Sie rollten sich ab, landeten auf den Pfoten und fingen sofort wieder an, die Wände zu erklimmen.

Selia entriss Anjy das Seil und warf es über das Geländer, sodass es auf dem schrägen Dach zu liegen kam. Die Glocke fing erneut an zu lärmen, als sie den Strick festzurrte, sich auf das Geländer hievte und ihre Röcke raffte. »Mir nach!«

Ängstlich spähte Anjy nach unten. Der Strick war lang genug, um sich vom Glockenturm bis auf das Dach abzuseilen, aber bis ganz hinunter zum Boden reichte er nicht. Sie erstarrte vor Schreck.

Selia streckte ihr eine Hand entgegen. »Vertrau mir.«

Anjy ergriff die Hand. Selia zog sie auf das Geländer und half ihr dann, am Seil hinunterzuklettern. Das misstönende Krächzen eines Winddämons erklang über ihren Köpfen, während ihre Füße über die steil abfallenden

Dachschindeln rutschten. Jede Schindel trug ein Siegel, um Winddämonen daran zu hindern, auf dem Dach zu landen, doch diese Horclinge waren Flugkünstler und konnten mit ihren Krallen jederzeit einen Menschen aus der Luft packen und davontragen.

Selia machte ein paar rasche Schritte, dann ließ sie den Strick los und schlang die Arme um Anjy. »Los! Spring!«

Sie hätte nicht sagen können, ob Anjy gehorchte, oder ob sie einfach nur das Gleichgewicht verlor, doch sie sausten just in dem Moment in die Tiefe, als ein Winddämon gegen die Schindeln prallte, auf denen sie soeben noch gestanden hatten.

Das Kreischen des Dämons vermischte sich mit den Schreien der Mädchen, während alle drei vom Dach fielen. Aber Selia hatte den Sprung genau berechnet. Sie und Anjy rollten über die Dachkante und fielen nur wenige Fuß tief, wobei sie auf dem viel weniger abschüssigen Vordach landeten, unter dem sie und Deardra vor einer gefühlten Ewigkeit Küsse ausgetauscht hatten. Der Aufprall trieb ihnen die Luft aus den Lungen, aber Selia griff geistesgegenwärtig nach der Regenrinne, als sie nach unten rutschten. Sie glaubte, die Arme würden ihr aus den Gelenken gerissen, und sie musste die Rinne loslassen, doch immerhin war ihr Schwung so weit gebremst, dass sie zwar hart, aber ohne Knochenbrüche auf dem Boden ankamen.

Anjy öffnete den Mund, aber Selia drückte eine Hand darauf und erstickte jeden Laut. Sie hievte sich und Anjy hoch und brachte sie mit dem Rücken an der Hauswand in eine sitzende Position. Wachsam schweiften ihre Blicke über den Hof. Im Inneren der Schule gab es einen dumpfen Knall, und das Mauerwerk erbebte. Der Felsendämon brüllte, und plötzlich erinnerte sie sich an ihren Vater. Sie bekam schreckliche Angst. Hatte ihr törichtes Beharren, ihm nachzueilen, Edwar vielleicht das Leben gekostet?

Doch dann flog eine der Kellertüren auf, und stöhnend quälte sich Edwar durch das Loch. Hinter ihm lärmte und brüllte der Felsendämon, doch der Keller war vollgestopft mit allen möglichen Sachen, und der Dämon würde sich den Weg nach draußen freikämpfen müssen.

Edwar erblickte die beiden Mädchen, als Selia Anjy in seine Richtung bugsierte. »Gepriesen sei der Schöpfer!«

Lory schrie Selia wütend an, als sie zurückkamen, aber während sie schimpfte, umarmte sie die beiden Mädchen, und Tränen strömten über ihr Gesicht. Nachdem sie sich wieder beruhigt hatte, untersuchte sie sie mit fest zusammengekniffenen Lippen und schickte sich dann an, ihre Verletzungen zu säubern, zu nähen und zu verbinden.

»Bis auf Weiteres schläfst du in Selias Kammer, Anjy«, bestimmte Lory, sowie sie mit ihrer Arbeit fertig war. »Und jetzt ruht euch aus. Der Tag morgen wird lang.«

Sie gingen in Selias Zimmer, und sobald sie allein waren, schlang Anjy die Arme um Selia und fing an zu schluchzen. Selia setzte sie auf ihr Bett, nahm neben ihr Platz und drückte sie an sich, bis das Schluchzen abebbte.

Anjy blickte zu ihr hoch. Ihre großen, wunderschönen Augen schwammen in Tränen. »Es war nicht wegen eines Jungen.«

»Hä?«, fragte Selia.

»Dass Großvater mich von Südwache weggeschickt hat«, erklärte Anjy. »Ein Junge war nicht der Grund.« Sie fasste nach Selias Hand. Ihre Finger waren sanft und weich. »Es ging dabei um ein Mädchen.«

Sie hob das Kinn, und Selia küsste sie. Alles, was sie gerade durchgemacht hatten, war vergessen, als die Erkenntnis einsank.

Anjy war ebenfalls eine warme Schwester.

»Bei der Nacht«, keuchte Anjy. »Wo hast du das gelernt?«

Selia rutschte im Bett wieder hoch und legte sich neben sie. Beide waren verschwitzt, trotz der Kühle der Nacht. »Ich hab mal den Hintern versohlt gekriegt, weil ich meine Eltern dabei beobachtet habe, wie Dad es bei Mam machte. Zufällig bekam ich mit, wie Mam der Schmucken Sallie erzählte, solche Sachen hätte er auf seinen Reisen als Kurier gelernt.«

»Das war … fantastisch. Ich weiß nicht, wie ich es geschafft habe, am Ende still zu bleiben«, sagte Anjy. Selia schmiegte ihren Kopf gegen die Brust der jungen Frau und lauschte ihrem rasenden Herzschlag. »Machst du das auch mit Deardra?«

Selia versteifte sich, aber Anjy legte sacht eine Hand auf ihren Kopf und streichelte das schweißnasse Haar. »Schon gut.«

»Hast du gehört, was Harl sagte?«, fragte Selia.

»Ay, aber das wäre gar nicht nötig gewesen«, erwiderte Anjy. »Ich habe gesehen, wie ihr euch anschaut und wie ihr euch berührt. Genauso war das mit mir und Sementhe.«

»Die junge Frau, wegen der man dich aus Südwache fortgeschickt hat.«

Anjy gab ein nervöses Lachen von sich. »Das eigentliche Problem war ihr Ehemann. Er hat uns dabei erwischt, wie wir uns in der Badestube geküsst haben, und er hat sich aufgeführt als hätte er Horclinge in der Wanne entdeckt.«

»Dann bist du also … frei?«, erkundigte sich Selia.

»Ay, so frei, wie eine warme Schwester nur sein kann.« Anjy seufzte. »Ich bin so lange frei, bis Großvater die Angelegenheit bereinigt hat und einen Mann gefunden hat, der ein ehrloses Mädchen wie mich heiratet. Und was ist mit dir?«

»Was soll mit mir sein?«, fragte Selia.

»Bist du gebunden oder nicht? Deardra …«

»… Deardra sagte mir, was zwischen uns läuft, sei bloß ein Jux, bis wir verheiratet wären«, sagte Selia. »Sie will mich unbedingt mit ihrem Bruder verkuppeln.«

»Raddock?« Anjy rümpfte die Nase.

»Ay.« Selia grinste. »Eher friert der Horc zu, als dass ich diesen aufgeblasenen Fischer heirate.«

»Dann bist du also … frei.« Anjy schenkte ihr dieses strahlende Lächeln, und Selia verwöhnte sie wieder mit Küssen.

Das Schulhaus war bis auf die Grundmauern niedergebrannt, als die Morgendämmerung die Dämonen in den Horc zurücktrieb. Selia begleitete ihre Eltern, um sich die Ruine anzusehen, und bei dem Anblick brach Lory in Tränen aus.

Edwar legte eine Hand auf ihre Schulter. »Wir bauen die Schule wieder auf, Liebste.«

Jede Menge Gaffer hatten sich eingefunden, aber Edwar hatte ein paar Männer abgestellt, um sie von dem Ort des Grauens fernzuhalten, während er die Trümmer in Augenschein nahm. »Hier.« Er zeigte auf den zerschmetterten Siegelpfosten, der ihnen in der vergangenen Nacht aufgefallen war. »An dieser Stelle brach das Siegelnetz zusammen.«

Lory ging in die Hocke, um den Pfosten zu prüfen. »Das Siegel ist mit Kreide verschmiert.«

Selia spürte, wie sich ihr Magen verkrampfte. Ihr fiel ein, dass Harl Gerbers Hände voller Kreidestaub gewesen waren. Hatte er absichtlich das Siegel verunreinigt? Ohne einen hieb- und stichfesten Beweis war dies eine ungeheuerliche Anschuldigung, und sie hütete sich, etwas zu sagen. Außerdem spukte in ihrem Hinterkopf immer noch seine Drohung herum, er könne sich an ihr rächen.

Isak Fischer, der Sprecher von Fischweiher, traf bald darauf mit seinen Kindern ein, Raddock und Deardra. »Alles in Ordnung mit dir, Edwar?«

»Ja, bis auf ein paar blaue Flecken. Die Schule ist abgebrannt, wie du siehst, aber wir bauen eine neue.«

»Und eine bessere obendrein«, meinte Isak. »Holz und Stein sind nichts, verglichen mit Menschenleben. Und deshalb halte ich es für angebracht, dass wir beide uns einmal unterhalten.«

Edwar sah Raddock an als bemerke er ihn erst jetzt. Raddock stand respektvoll hinter seinem Vater und hielt den Blick gesenkt. »Lasst uns alle auf eine Tasse Tee ins Haus gehen. Selia, ich schlage vor, du nimmst Deardra und Anjy mit in dein Zimmer.«

Selia biss frustriert die Zähne zusammen, aber sie hütete sich, Widerworte zu geben. »Gern, Vater.«

»Hast du dich verletzt?«, fragte Deardra und nahm im Gehen Selias Arm, um sich den Verband auf der Brandwunde anzusehen.

»Ich habe Glück, dass ich überhaupt noch am Leben bin«, sagte Selia. »Zwei Flammendämonen und ein Felsendämon haben die Siegel an der Schule durchbrochen.«

»Und du warst ...« Deardra schluckte hart. »Du warst da?«

»Ich hätte Anjy doch nicht den Horclingen überlassen können«, sagte Selia.

»Sie kam zu meiner Rettung wie der Erlöser höchstselbst«, steuerte Anjy bei.

Deardra starrte die junge Frau aus Südwache an, als sie das Haus betraten und sich in Selias Zimmer begaben. Dort musterte sie die zerwühlten Bettlaken und die zerrissene Kleidung auf dem Boden. Schnüffelnd sog sie die Luft ein, als könne sie trotz des beißenden Rauchgestanks, der an den Kleidern haftete, riechen, was die beiden Mädchen getrieben hatten.

»Du hast hier geschlafen?« Deardra durchbohrte Anjy mit ihren Blicken.

»Es ist doch nichts dabei, oder?«, versetzte Anjy, doch die Röte, die ihr dabei ins Gesicht schoss, verriet sie.

Deardra ballte eine Faust. »Es ist wohl was dabei. Und du weißt genau, was ich meine.«

»Ich wüsste nicht, was dich das angeht, wenn du deinen Dad und Raddock hierher geschleppt hast, um über etwas ganz Bestimmtes zu reden.« Selias Worte sorgten dafür, dass Deardra den Blick von Anjy abwandte und stattdessen sie zornig anfunkelte. »Außerdem hast du selbst gesagt, der Bund der Warmen Schwestern hätte nicht genug Mitglieder.«

»Damit wollte ich dich nicht auffordern, irgendein spießiges Püppchen aus Südwache in dein Bett zu holen!«, fauchte Deardra.

»Hey!« schrie Anjy.

»*Der Bund der Warmen Schwestern ist ein herrlicher Jux, aber doch nur, bis wir Ehemänner finden!* So lauteten deine Worte«, zitierte Selia und konnte ihre Verbitterung nicht verhehlen. »*Es hat nichts zu bedeuten.*«

»Es hat auch nichts zu bedeuten.« Deardra spuckte auf den Boden. »Ohnehin wirst du bald verlobt sein.« Mit einem Kopfnicken deutete sie in Richtung Tür.

Selia verschränkte die Arme. »Das wollen wir doch mal sehen.«

»Sag Nein, und ich erzähle überall im Dorf herum, warum du dich weigerst!«, drohte Deardra.

»Wirst du auch erzählen, welche Rolle du in dieser Posse spielst?«, fragte Selia. »Dass du deinem eigenen Bruder Hörner aufgesetzt hast? Von dir wurde er doch erst ermutigt, um das Mädchen zu werben, von dem du dich abknutschen lässt.«

Deardra stemmte die Hände in die Hüften. »Da steht dein Wort gegen meines.«

»Harl Gerber weiß Bescheid«, sagte Selia.

»Hä?« Deardra machte ein bestürztes Gesicht.

»Gestern hat er uns hinter dem Schulhaus erwischt«, sagte Selia. »Er hat mir gedroht, es an die große Glocke zu hängen, wenn ich nicht dafür sorge, dass er wieder zur Schule kommen darf und sein Dad nichts von seinen Missetaten erfährt.«

»Bei der Nacht!«, hauchte Deardra, und ihr Groll verflog.

»Wenn du jetzt nicht die Klappe hältst, sind wir alle dran«, sagte Selia.

»Na schön, ich hab's kapiert.« In Deardras Augen standen Tränen. »Selia setzt mal wieder ihren Willen durch, und die Familie Fischer kann zusehen, wo sie bleibt.«

»So ist das doch gar nicht, Deardra.« Selia streckte die Hand nach ihr aus, aber Deardra schlug sie weg, drehte sich um und stürmte aus dem Zimmer. Selia wandte sich Anjy zu, doch das Mädchen wich ihrem Blick aus.

»Er ist eine gute Partie«, fand Lory.

»Ay, schon möglich«, sagte Selia. »Aber ich liebe ihn nicht.«

»Pah!« Lory wedelte mit der Hand. »Du bist neunzehn Sommer alt, Mädchen. Was verstehst du schon von Liebe? Liebe erwächst, wenn man sich gemeinsam ein Zuhause aufbaut. Wenn man jemandem sein Leben widmet. Die Liebe ist ein Saatkorn, das erst aufgeht, wenn man es jahrelang gewässert hat. Wenn man füreinander Verantwortung übernimmt.«

»Bei dir und Dad war das aber ganz anders«, sagte Selia. »Dad hat nicht seinen Beruf als Kurier aufgegeben und sein Haus in Miln verkauft, um hier ein Saatkorn zu pflanzen und jahrelang darauf zu warten, dass es aufgeht.«

»Ay, da hast du recht«, pflichtete Edwar ihr bei.

»Halt du dich da raus«, sagte Lory.

»Auf gar keinen Fall«, widersprach Edwar. »Isak kam zu mir, um meinen Segen für diese Verbindung zu erbitten, und ich sagte ihm, ich sei einverstanden. Da ging ich noch davon aus, dass Selia Raddock will. Wenn dem aber nicht so ist ...« Er spreizte die Hände.

Selia umarmte ihn stürmisch. »Ich danke dir, Dad.«

»Bist du dir deiner Sache auch ganz sicher, mein Sonnenschein?«, fragte Edwar. »Die Fischer-Sippe wird kochen vor Wut, wenn ich mein Einverständnis widerrufe. Willst du nicht noch mal darüber nachdenken?«

»Ich hatte jahrelang Zeit, mir über Raddock Gedanken zu machen. Ich will ihn nicht.«

»Wen willst du dann?«, wollte Lory wissen. »Du bist kein Kind mehr, Selia. Für dich wird es höchste Zeit, eine Familie zu gründen.«

Edwar legte eine Hand auf Lorys Schulter. »Immer mit der Ruhe, mein Herz. Mach dir nicht zu viele Sorgen auf einmal.«

»Ich mache mir Sorgen, wo ich demnächst den Schulunterricht abhalten werde«, sagte Lory.

»Der Unterricht kann noch ein paar Tage warten, bis wir …«, begann Edwar.

»Nein, kann er nicht«, fiel Lory ihm ins Wort. »Ich kenne diese Leute besser als du, Edwar. Die meisten von ihnen halten jetzt schon die Schule für reine Zeitverschwendung. Und wenn sie sich erst mal daran gewöhnt haben, dass der Unterricht ausfällt, schicken sie ihre Kinder gar nicht mehr zu mir.«

Es gab eine alte Scheune, die niemand mehr benutzte, seit Mart Strohballen gestorben war. Noch am selben Tag trommelte Edwar eine Schar Helfer zusammen, die die Scheune leerräumten, den Boden fegten und die Siegel ausbesserten. Man baute ein hölzernes Gestell, barg die Schulglocke aus den Trümmern, und sechs Männer hievten sie auf den neuen Turm. In der Abenddämmerung läutete Lory eigenhändig die Glocke und ließ die Leute wissen, dass die Schule am nächsten Tag wieder beginnen würde.

»Ganz schön eigensinnig, deine Mam«, sagte Anjy in dieser Nacht, als Selia und sie sich im dunklen Zimmer küssten.

»Sturheit liegt bei uns in der Familie«, sagte Selia.

Sie blieben noch lange wach, unterhielten sich, wenn sie sich nicht gerade küssten, stellten Fragen und vertieften ihre Freundschaft, indem sie sich gegenseitig ihr Leben und ihre Wünsche offenbarten.

»Ich möchte nicht heiraten. Ich mache mir nichts aus Männern«, bekannte Selia. »Lieber bleibe ich einsam und ehelos.«

»Ehelos, ay, das mag schon sein.« Anjy schlang ihre Arme fester um sie. »Aber ich glaube nicht, dass du einsam sein wirst.«

Als Selia in den Schlaf hinüberglitt, empfand sie einen inneren Frieden, wie sie ihn noch nie zuvor gekannt hatte.

Am kommenden Morgen versammelte sich gerade eine Gruppe Kinder in der Scheune, als Raddock und Deardra eintrafen. Ihre Mienen waren frostig.

»Wir wollen helfen, damit wieder Unterricht stattfinden kann, werte Dame«, sagte Raddock zu Lory. »Aber nächstes Jahr musst du dir neue Lehrer suchen.«

»Du bist ein guter Mann, Raddock«, sagte Lory.

Den Rest des Tages weigerte sich Raddock, Selia in die Augen zu sehen, und Deardra schien Anjy mit ihren Blicken erdolchen zu wollen. Selia hielt sich so weit es ging von Anjy fern, aber hin und wieder tauschten sie Blicke aus, wenn sie sich unbeobachtet fühlten, und lächelten verstohlen.

Sowie die Nachmittagsglocke läutete, brach Raddock auf. Deardra sah aus als wolle sie noch bleiben und ein

Wort mit Selia wechseln, aber Raddock zerrte seine Schwester buchstäblich mit sich, als sie im Eilschritt abmarschierten.

»Du wirkst ziemlich bedrückt«, sagte Anjy zu Selia.

»Deardra und Raddock sind meine Freunde«, erwiderte Selia. »Ich wollte sie nicht kränken.«

»Dich trifft doch keine Schuld, wenn du dich nicht zu Raddock hingezogen fühlst«, fand Anjy.

Genauso wenig wie Deardra eine Schuld trifft, weil sie mich abgelehnt hat, dachte Selia.

Die Spannungen hielten sich noch die ganze Woche lang, aber Raddock und Deardra machten sich immer beim ersten nachmittäglichen Glockenton aus dem Staub. Und kaum waren sie um die nächste Straßenbiegung verschwunden, da griff Anjy nach Selias Hand. Danach waren sie unzertrennlich, ob bei den Haushaltspflichten oder während der langen Stunden vor dem Kamin in der Wohnstube, nachdem Edwar und Lory sich für die Nacht zurückgezogen hatten. Sie unterhielten sich leise aber lebhaft und fieberten dem Moment entgegen, wenn sie gemeinsam zu Bett gingen.

Wieder einmal war Markttag und Fern Gerber kam zusammen mit ihrem Sohn Harl nach Stadtplatz. Der Junge sah blass und verhärmt aus, und unter seinen Augen lagen dunkle Schatten. Lag es daran, dass ihn das schlechte Gewissen quälte, oder daran, dass sein Vater ihn eine Woche lang in den Abort gesperrt hatte? Hatte er gedankenlos gehandelt oder aus schierer Boshaftigkeit, als er den Siegelpfosten beschädigte? Selbst wenn er nur unbedacht gewesen war, hatte er eine Strafe verdient, doch falls eine böse Absicht dahintersteckte, kam dies einem ungeheuerlichen Verbrechen gleich. Selia weigerte sich zu glauben, dass jemand in Tibbets Bach zu einer derart infamen Tat fähig wäre.

Lory ging Missis Gerber entgegen, um sie zu begrüßen. »Fern, danke, dass du gekommen bist. Harl, du wartest hier, während ich mit deiner Mutter spreche. Selia, geh mit den anderen Kindern hinein und beginne mit dem Unterricht.«

Selia blieb gar keine andere Wahl, sie musste gehorchen. Nervös schielte sie zu Harl hinüber, der keine fünf Schritte von Raddock entfernt stand.

Lory und Fern blieben eine recht lange Zeit im Hinterzimmer. Gelegentlich vernahm man erhobene Stimmen, doch einzelne Worte konnte man nicht verstehen. Als Fern wieder ging, hatte sie einen hochroten Kopf, doch kurz darauf kam Harl in die Scheune und setzte sich zu den anderen Kindern. Er warf Selia einen Blick zu und grinste hämisch.

Selia wandte sich um und sah Raddock, der in die Scheune trat. Sein Gesicht war gerötet und verzerrt. Er stürmte zu Deardra, die Schiefertafeln zum Austeilen vorbereitete, und packte mit hartem Griff ihren Arm. Sie wollte sich losreißen, aber Raddock war größer und stärker als sie. Rücksichtslos schleifte er sie durch eine Seitentür nach draußen, um dort erregt mit ihr zu tuscheln.

Lory verließ ihr behelfsmäßiges Amtszimmer, um den Unterricht zu übernehmen. Mit gerafften Röcken rannte Selia zur Seitentür hinaus. Raddock hatte Deardra gegen eine Wand gedrängt und türmte sich drohend über ihr auf. »Lass sie in Ruhe, Raddock!«

Raddock sah sie an, dann schubste er Deardra so heftig, dass sie taumelte und hingefallen wäre, hätte Selia sie nicht im letzten Moment aufgefangen. In Deardras Augen war jedoch keine Dankbarkeit für die Rettung zu erkennen. Sie versetzte ihrerseits Selia einen kräftigen Schubs, und dann standen sie zu dritt da und maßen einander mit zornigen Blicken. Zufällig vorbeikommende Passanten wurden auf sie aufmerksam.

»Für euch beide war das bloß ein herrlicher Jux, was?«, fauchte Raddock. »Der Bund der Warmen Schwestern. Hinter meinem Rücken habt ihr euch über mich lustig gemacht, während ihr … ihr …« Sein Gesicht verzog sich voller Abscheu.

»So war das doch gar nicht, Raddock«, sagte Deardra. »Ich wollte doch auch, dass Selia dich heiratet.«

»Damit du sie dauernd in deiner Nähe hättest?«, knurrte Raddock. »Um es schamlos miteinander zu treiben, wenn ich gerade mal nicht da bin?«

»Glaubst du eigentlich, die ganze Welt dreht sich nur um dich, Raddock Fischer?«, schnauzte Selia. »Dass du immer und überall die Hauptperson bist? Du hast mir noch kein einziges Mal Blumen geschenkt, aber ich soll dir in die Arme sinken, weil dein Dad mit meinem gesprochen hat? Hast du dich auch nur eine verdammte Sekunde lang gefragt, was ich will?«

»Hätte ich etwa erahnen sollen, dass du keinen Mann willst, sondern meine Schwester?«

Deardra verschränkte die Arme. »Jetzt will sie mich aber nicht mehr. Harl hat nicht alles erzählt. Sie hat uns beide versetzt wegen Anjy Südwächter.«

Selia und Anjy saßen sich am Tisch in der Wohnstube gegenüber. Jeorje und Edwar standen an den beiden anderen Seiten des Tisches und starrten sich über das polierte Holz hinweg an. Keiner der beiden Männer wollte Platz nehmen.

Raddock hätte die Nachricht überall rausposaunen können. Es war Markttag, und bei Sonnenuntergang wäre das ganze Dorf im Bilde gewesen. Aber dann hätte er sich selbst zum Gespött gemacht. Also war er lieber schnurstracks zu Jeorje gelaufen, der half, die Arbeiten am Schulhaus zu beaufsichtigen.

»Entschuldige bitte, Edwar, dass ich dein Haus in … Verruf gebracht habe.« Jeorjes Gesicht war wie versteinert.

»Du hast nichts und niemanden in Verruf gebracht«, sagte Selia.

Jeorje sah sie an wie ein unartiges Kleinkind, das einen Trotzanfall hat, dann wandte er sich wieder an Edwar: »Wie es scheint, brauchte man dein Mädchen nicht groß zu verführen. Dennoch fühle ich mich mitverantwortlich dafür, dass in eurem Dorf gesündigt wurde.« Er starrte Anjy mit harten Augen an. Das Mädchen hielt die Lider gesenkt, und trotzdem schien sie unter der Wucht des vorwurfsvollen Blicks in sich zusammenzusinken. »Ich wähnte mich in dem Glauben, ich hätte meiner Enkeltochter klargemacht, wie sie sich hier zu benehmen hätte, aber schon im Kanon steht geschrieben, dass das Böse im Menschen tief verwurzelt ist. Es ist an der Zeit, sie wieder in mein Haus zu holen, wo ich sie im Auge behalten und notfalls mit dem Stock züchtigen kann.«

Edwar breitete die Hände aus und versuchte, die Situation zu entschärfen. »Es ist doch nichts Ernsthaftes passiert, Jeorje. Die beiden Mädchen haben nur …« Er zuckte die Achseln. »Nur ein bisschen herumgespielt.«

Das hätte er nicht sagen dürfen. »Herumgespielt?«, brüllte Jeorje. »Zwei zerstörte Ehen, und du nennst das Herumspielen! Die beiden sind erwachsene Frauen, Edwar, keine Kinder, die nicht wissen, was sie tun!«

»Wieso unterhaltet ihr zwei euch dann über unsere Köpfe hinweg, anstatt direkt mit uns zu sprechen?«, fragte Selia. Jeorje bedachte sie mit einem seiner strafenden Blicke, aber sie sprang auf und starrte zehnmal so böse zurück. »Anjy kann nichts dafür, dass aus meiner Heirat mit Raddock nichts wird. Und Deardra trifft ebenfalls keine Schuld. Ich heirate Raddock nicht, weil ich ihn nicht zum Mann haben will.«

Jeorje stülpte die Lippen vor und richtete das Wort wieder an Edwar: »Da hast du es. Sie gibt es selbst zu. Mädchen wissen einfach nicht, was sie wollen.«

»In deinen Augen sind wir erwachsene Frauen, solange wir dir nicht widersprechen«, bemerkte Selia. »Geben wir Widerworte, behandelst du uns wie unreife Mädchen. Ich habe immer gewusst, was ich will, und Raddock Fischer will ich ganz bestimmt nicht!«

»Nun ja, aber meine Enkeltochter kannst du ganz bestimmt nicht haben, das sage ich dir!« Jeorje griff nach seinem Hut. »Komm jetzt, Mädchen!«

Anjy sagte nichts und hielt den Blick immer noch gesenkt. Doch fügsam stand sie auf und folgte ihrem Großvater. Selia streckte die Hand nach ihr aus, als sie an ihr vorbeiging, aber Edwar hielt ihren Arm fest und schüttelte den Kopf.

Lory stieß den Atem aus, als die Tür sich hinter ihnen schloss, und wandte sich an Selia: »Warum hast du darüber geschwiegen? Wieso hast du es nicht einfach gesagt?«

»Wie hätte ich es dir erzählen können, wenn du mir andauernd predigst, ich müsste endlich eine Familie gründen?«, fragte Selia.

Lory stemmte die Hände in die Hüften. »Schieb mir jetzt bloß nicht die Schuld in die Schuhe, Mädchen. Ich bin nicht der Schöpfer, der alles sieht und alles weiß. Aber du bist auch nicht die erste junge Frau, die lieber Mädchen küsst als Jungen. Das heißt noch lange nicht, dass du auf einen Ehemann und Kinder verzichten musst.«

»Nein, nur auf mein Glück«, sagte Selia.

»Zum Glück gehört mehr als Küssen«, sagte Lory. »Bei der Nacht, oft genug ist das nur lästig.«

Edwar spreizte die Finger. »Ich glaube nicht, dass das hilfreich ist, Lory. Ich denke, wir sollten mal eine Nacht darüber schlafen. Morgen reden wir dann weiter.«

»Das wird nicht nötig sein.« Selia stieß sich vom Tisch ab. »Es gibt nichts mehr zu bereden. Ich gehe jetzt auf den Markt.«

»Findest du, dass das eine gute Idee ist?«, fragte Lory.

Selia zuckte die Achseln. »Entweder wissen es alle, und wir müssen damit klarkommen, oder keiner weiß was, und dann verhalten wir uns am besten wie immer. Sich hier zu verstecken füllt den Brotkorb auch nicht.«

Anscheinend stimmt die zweite Vermutung, dachte Selia, während sie von einem Verkaufsstand zum nächsten schlenderte. Die Leute grüßten sie herzlich und füllten ihren Korb mit Brot, Milch, Käse, frischem Obst und Gemüse, ohne auch nur das geringste Entgelt zu verlangen. Die Familie des Sprechers und der Schulmeisterin wurde seit jeher von den Dörflern gut versorgt.

Sie suchte Bils Verkaufsbude auf, aber weder er noch seine Mutter waren da. Gerade als sie wieder gehen wollte, hörte sie ein dumpfes Poltern und einen unterdrückten Aufschrei hinter der Bude. Hastig bog sie um die Ecke und sah Bil am Boden liegen. Er presste die Hände gegen seinen Bauch, und über ihm stand Raddock Fischer.

»Was ist hier los?«, fragte Selia mit schneidender Stimme.

»Ich hatte ihn gewarnt«, brüllte Raddock. »Was hat dieses Dorf an sich, das die Leute schwul werden lässt? Zuerst Bil, dann du und meine liederliche Schwester, jetzt auch noch Anjy Südwächter. Bei einem so hübschen Mädchen sollten die Verehrer Schlange stehen. Stattdessen …«

»Geh wieder an deine Arbeit, Bil«, sagte Selia. Als Bil sich aufrappelte, wollte Raddock sich ihm in den Weg stellen, aber Selia ging dazwischen. »Wenn du dich über mich geärgert hast, Raddock, dann darfst du deine Wut nicht an Bil auslassen.«

Raddock sah sie an und stieß den Atem aus. »Noch ist nicht viel passiert, Selia. Nur ein paar Leute wissen Bescheid.« Er wandte sich an Bil, der ängstlich zurückwich. »Und die werden den Mund halten. Wir können die Geschichte immer noch bereinigen. Ich würde dich trotz allem noch zu mir nehmen.«

»Du willst mich *zu dir nehmen*?«, fauchte Selia. »Als wär ich eine Kuh, die saure Milch gibt und die du aus reiner Güte und Barmherzigkeit nimmst? Kannst du es nicht verstehen, oder willst du es nicht verstehen, Raddock? Du. Lässt. Mich. Kalt.«

Raddock funkelte sie böse an und ballte seine bandagierte Faust. Selia machte sich auf alles gefasst und wappnete sich für einen Angriff. Das alles war Raddocks Schuld. Er hielt sie für etwas, das in seinen Besitz übergehen konnte, als wäre sie ihm ein Eheversprechen schuldig. Er war schuld daran, dass Deardra mit ihr gebrochen hatte. Er hatte dafür gesorgt, dass Anjy fortgehen musste. Sie wünschte sich, er würde zum Schlag ausholen und ihr zumindest die Genugtuung verschaffen, ihm ein blaues Auge zu verpassen.

Vielleicht erkannte er an ihrer Haltung, was sie vorhatte, oder er begriff, wie unklug es wäre, sich an der Tochter des Sprechers zu vergreifen. Jedenfalls trat er einen Schritt zurück und schüttelte bloß die Faust, anstatt ihr damit einen Hieb zu versetzen.

»Du bist eine völlig reizlose Frau, Selia, mit deinem harten Gesicht und den flachen Brüsten. Das Geld und die Stellung deines Vaters machen dich zu einer begehrenswerten Partie. Aber wenn deine Neigungen erst bekannt werden, will dich überhaupt kein Mann mehr haben, trotz deiner Mitgift.«

Selias Hand klatschte in sein Gesicht. Der Schlag war so heftig, dass er nach hinten taumelte. Eine ungeheure Wut und Demütigung malten sich auf seinen Zügen ab. Er presste eine Hand an seine gerötete Wange und verließ eilends den Markt.

»Alles in Ordnung mit dir?«, fragte Selia Bil.

»Dasselbe wollte ich dich fragen«, sagte Bil. »Hat man herausgefunden, was zwischen dir und Deardra läuft?«

»Du hast es gewusst?«, staunte Selia. Bei der Nacht, war die ganze Gemeinde im Bilde?

Bil zuckte die Achseln. »Jemand, der den Mädchen in die Augen blickt, anstatt auf ihre Brüste zu starren, sieht so manches. Ich glaube nicht, dass es sonst noch jemand weiß. Wenn du willst, stelle ich mich dir zur Verfügung.«

»Als was, wenn ich fragen darf?« Selia stemmte die Hände in die Hüften. Was für ein Blödsinn war das schon wieder?

»Na ja, als jemand, der dir hilft, dein Geheimnis zu wahren«, sagte Bil. »Wenn wir vor aller Augen Seite an Seite durchs Dorf spazieren, werden die Leute glauben, du hättest Raddock einen Korb gegeben, weil du lieber mich wolltest.«

Selia lächelte und legte eine Hand auf seine Schulter. »Das ist lieb von dir, Bil, aber wir beide haben etwas Besseres verdient.«

3

Der Stock

334 NR

Jeph Strohballen atmete tief aus. Sein Gesicht war gerötet. »Darauf wäre ich in hundert Jahren nicht gekommen. Aber es erklärt vieles.«

»Ja und nein«, erwiderte Selia. »Raddock war schon immer ein eingebildeter Laffe und Jeorje ein engstirniger, intoleranter Frömmler. Mit meinem … Fehltritt hatte das gar nichts zu tun.«

»Aber das ist der Grund, warum du niemals …« Jeph verstummte unter Selias zornigem Blick und zeigte nur halbherzig auf ihren Bauch.

»Ich wüsste nicht, was dich das angeht, Jeph«, sagte Selia.

»Ay, Sprecherin. Das geht mich in der Tat nichts an«, beeilte sich Jeph zu antworten. »Entschuldigung.«

»Wir sollten ohnehin bald aufbrechen«, sagte Selia. »Mit dieser alten Geschichte habe ich eure kostbare Zeit verschwendet, aber die Leute werden reden, und ich hielt es für das Beste, wenn ihr aus meinem Munde erfahrt, was damals los war.« Meada streckte eine Hand aus und drückte tröstend ihre Schulter.

»In meinen Ohren klingt das nich', als hätt'ste was falsch gemacht, Sprecherin«, sagte Brine. Sein Blick verweilte einen Moment lang auf Lesa, dem einzigen Mitglied von Selias Bürgerwehr, das zum Tee in Jephs Wohnstube eingeladen worden war, als Selia ihre Geschichte erzählte.

»Ay, das sagt sich so leicht«, erwiderte Selia. »Aber die Geschichte ist noch nicht zu Ende. Wie sie ausging, erzähle ich euch ein anderes Mal. Für heute Nacht ist Schluss.«

Ihre Bürgerwehr wartete draußen, bewaffnet und wachsam, um sie zu ihrem Haus zu begleiten. Selia war sich darüber im Klaren, dass sich ihre Geschichte in Windeseile verbreiten würde. Fünfzig Jahre waren eine lange Zeit, aber es gab noch ein paar Leute in Tibbets Bach, die sich an die Geschehnisse von damals erinnerten und auch an die Gerüchte, die danach kursierten.

Selia ließ Lesa bei der Bürgerwehr mitten in Stadtplatz zurück und ritt das letzte Wegstück allein. Sie überließ sich den Erinnerungen, die sie seit einem halben Jahrhundert verfolgten. Daheim angekommen, wollte sie nur noch in ihr Bett fallen. Doch auf der dunklen Veranda fing Lesa sie ab.

»Geh nach Hause, Mädchen«, sagte Selia.

»Mam und Dad bleiben noch über Nacht auf Jephs Hof.« Lesa machte Anstalten, Selia ins Haus zu folgen.

Selia drehte sich um und versperrte ihr den Weg. »Ay, schön und gut, aber ich bin müde, Lesa.«

Lesa lächelte hintergründig. »Das sagst du immer, bis ich …«

»Nicht heute Nacht.« Selia wollte die Tür schließen, aber Lesa klemmte einen Fuß dazwischen.

»Was kümmert es mich, was vor fünfzig Jahren passiert ist? Das ist lange her, und weder du noch ich sind jemandem verpflichtet. Lass mich rein, Selia.«

Selia legte sachte eine Hand auf Lesas Schulter. Das Mädchen beugte sich erwartungsvoll vor, aber anstatt sie in die Arme zu nehmen, gab Selia ihr einen kräftigen Schubs. Lesa taumelte zurück und prallte gegen das Verandageländer. »Du dummes Ding, du! Du weißt doch noch gar nicht, wie die Sache ausging.«

Lesa machte einen Schritt nach vorn, aber Selia knallte ihr die Tür vor der Nase zu und ließ den Riegel einrasten.

Dann lehnte sie sich mit dem Rücken gegen die Tür, ließ sich daran zu Boden gleiten und weinte.

Selia fand keinen Schlaf. Bis kurz vor der Morgendämmerung tigerte sie durch das Haus und verlor sich in fünfzig Jahre alten Erinnerungen. Schließlich kroch sie in ihr Bett. Als sie durch ein lautes Hämmern an ihrer Haustür geweckt wurde, kam es ihr vor als hätte sie sich erst vor wenigen Minuten hingelegt.

»Dem Mädchen ist nicht zu helfen«, murmelte sie. Sie sah, dass durch die Fenster helles Licht strömte. »Als hätte sie es darauf angelegt, vom ganzen Dorf gesehen zu werden.« Sie zog sich einen Morgenmantel an und ging zur Tür, an die immer noch wild geklopft wurde.

Sie hob den Riegel und riss die Tür auf. »Jetzt reicht es aber!«

Mack Weides Enkelsohn Tam wich erschrocken zurück, als er angebrüllt wurde, und seine Augen weiteten sich. »Entschuldige vielmals, Sprecherin. Ich hatte angenommen, du wärst längst auf. Es ist bereits Vormittag.«

Selia schaute zum Himmel empor und sah, dass er recht hatte. Sie hatte schlichtweg den ganzen Morgen verschlafen. »Wo brennt's denn?«

»Dad sagt, du sollst so schnell wie möglich auf unser Land kommen. Die Horclinge benehmen sich … komisch.«

Selias Augen wurden schmal. »Komisch? Was soll das heißen?«

»Na ja, sie rumoren im Wald herum«, sagte Tam. »Da ist was im Gange. Die ganze Nacht lang konnte man sie lärmen hören. Es krachte und knackte, als würde ein Trupp Holzfäller eine Lichtung schlagen.«

»Bei der Nacht«, flüsterte Selia, die sich an Rennas Warnung erinnerte. »Komm rein, und erzähl mir alles.« Sie ging voraus in die Küche, ließ Tam am Tisch Platz nehmen und schob ihm die Keksschale hin, ehe sie das Teewasser aufsetzte.

Selia schickte Tam nach Torfhügel zum Heiligen Haus. Dort blies Fürsorger Harral ein Signal mit dem Großen Horn. Keine Stunde später sammelte sich Selias Bürgerwehr auf dem Marktplatz.

»Was ist los?«, fragte Lucik, als Selia angeritten kam. Ihre Rüstung und ihre Waffen waren am Sattelzeug festgebunden.

»Auf Mack Weides Land tut sich was. Erst mal reiten wir hin, um uns einen Eindruck zu verschaffen, aber für heute Nacht rechne ich mit Kämpfen. Ich will, dass auf einem Brachfeld ein Lager mit Bannzone errichtet wird.«

»Ay, Sprecherin.« Lucik machte kehrt und ging zu den anderen, um die Befehle weiterzugeben.

Dann kam Lesa zu ihr. »Hattest du eine geruhsame Nacht?«

Es entging Selia nicht, wie verbittert sie klang, und sie atmete einmal tief durch. »Ich habe sanft und süß geschlummert wie ein Baby. Aber wie es scheint, hat die Familie von Mack Weide die ganze Nacht lang kein Auge zugekriegt. Steig auf dein Pferd. Ich will Macks Hof so schnell wie möglich erreichen.«

Offenbar nahm Lesa es ihr übel, so von ihr abgekanzelt zu werden, doch das interessierte Selia im Augenblick nicht. Eile tat not.

Unterwegs trafen sie auf die Holzfäller. Selia gab ein scharfes Tempo vor, und am Nachmittag trafen sie bei Mack ein. Trotzdem kamen sie zu spät.

Die Südwächter waren bereits da.

»Ich hätte besser meine Rüstung anlegen sollen«, grummelte Selia, als sie Jeorje sah, der sich mit Mack unterhielt. Ein paar Südwächter fesselten die Vorderbeine ihrer Pferde mit Stricken, um die Tiere am Weglaufen zu hindern. Andere grenzten genau das Brachland, auf dem Selia sich mit ihrer Bürgerwehr hatte niederlassen wollen, mit Siegelpfosten ab.

»Was ist, Sprecherin?«, fragte Lucik.

»Ach nichts. Ich lass nur Dampf ab.« Selia schwang sich aus dem Sattel, wobei sie ihren Speer und den Schild mitsamt der Rüstung beim Pferd ließ.

Forsches Auftreten kann wirksamer sein als eine Rüstung, pflegte ihr Dad zu sagen. Selia drückte das Kreuz durch und steuerte geradewegs auf Mack und Jeorje zu. »Mack. Sprecher.«

»Sprecherin.« Mack nickte zum Gruß. »Danke, dass ihr so schnell gekommen seid.«

»Selia.« Jeorje neigte kaum wahrnehmbar den Kopf. Und ihren Titel ließ er absichtlich weg.

Selia sah über diese bewusste Kränkung hinweg, wie sie es immer tat. Wenn sie Jeorje korrigierte, war der Gesichtsverlust größer, als wenn sie die Schmähung einfach überging. Und das wusste Jeorje. »Was ist hier vorgefallen?«

»Letzte Nacht strömten Horclinge in Scharen hierher«, sagte Mack.

»Nicht ungewöhnlich bei Neumond.« Selias Blick wanderte prüfend über das Wohnhaus, die Scheunen, die Tagespferche und die Felder. »Aber viel Schaden scheinen sie nicht angerichtet zu haben.«

»Sie griffen die Siegel nicht an«, erklärte Mack. »Wie ich Jeorje schon sagte, blieben sie in den Wäldern. Die ganze Nacht lang hörte man ihren Radau. Man sah Feuerschein und roch den Qualm. Die haben was vor, Selia. Darauf verwette ich meinen Hof.«

»Bist du bei Tagesanbruch in den Wald gegangen und hast nachgeschaut, was sich dort tut?«, fragte sie.

Mack schluckte krampfhaft. »Ich dachte mir, es sei das Beste, auf die Bürgerwehr zu warten. Unter den Bäumen ist es ziemlich finster.«

Selia schnaubte verächtlich durch die Nase. »Ein bisschen Schatten reicht nicht aus, um die Dämonen aus dem Horc zu locken, Mack.«

»Mack hat genau das Richtige getan«, warf Jeorje ein, nur um Selia zu widersprechen. Er legte eine Hand auf Macks Schulter. »Wir werden den Dingen mal auf den Grund gehen.«

Obwohl Selia Mack Feigheit unterstellt hatte, nahm sie sich die Zeit, ihre Waffen und die Rüstung zu holen, ehe sie zusammen mit Brine und Lucik in den Wald eintauchte. Derweil schlug die Bürgerwehr direkt neben den Südwächtern ein behelfsmäßiges Lager auf.

Es war so, wie Mack behauptet hatte. Die Dämonen hatten massenhaft Bäume gefällt. Der Boden war übersät mit geborstenen Stümpfen und tiefen Löchern. Holzsplitter und Wurzeln ragten aus dem aufgewühlten Erdreich auf wie gebrochene Knochen. Von den Baumstämmen war kaum etwas zu sehen.

»Bei der Nacht!«, ächzte Lucik.

»Das is' nich' normal, Selia«, bemerkte Brine. »Da hat Mack recht.«

Tiefer im Wald stießen sie auf Jeorje, der vor einem breiten Graben kauerte und mit der Hand über die Böschung strich. Die Rinne war flach, an den meisten Stellen höchstens ein Yard tief, doch sie erstreckte sich in einem Bogen in beide Richtungen, so weit man sehen konnte.

»Das Erdreich ist frisch«, sagte Jeorje und schnüffelte an dem Dreck an seinen Fingern. »Der Graben wurde gestern Nacht ausgehoben, und dann haben die Viecher die Böschung geglättet.« Er wandte sich an Brine. »Hast du schon mal erlebt, dass ein Dämon seinen eigenen Dreck wegräumt, Holzfäller?«

»Nee.« Brine war ein Hüne von einem Mann, doch jetzt erschauerte er. Nervös spähte er in die Kronen der

Bäume, als befürchte er, jeden Moment von einem Baumdämon angesprungen zu werden. »Was hältst du davon, Selia?«

Selia schürzte die Lippen und wanderte am Rand des Grabens entlang. Mit den Augen verfolgte sie dessen Krümmung. »Sie legen ein Großsiegel an. Ähnlich dem, das Jeph auf seinem Land gebaut hat.«

Sogar Jeorje war baff. »Auf gar keinen Fall!«

Selia stieß den Atem aus und setzte ihren Weg entlang der Rinne fort. Mit jedem Schritt erhärtete sich ihr Verdacht. »Arlen erzählte seinem Vater, so etwas sei an Neumond in der Talgrafschaft passiert. Es bedeutet, dass ein Horclingprinz nach Tibbets Bach gekommen ist.«

Lucik sperrte Mund und Augen auf. »Es gibt Dämonen, die von Adel sind?«

»Bei den Hornissen gibt es auch so was wie eine Aristokratie«, sagte Selia. »Was natürlich nicht heißt, dass wir ihnen erlauben, in unserer Nähe ein Nest zu bauen. Brine, ich will, dass Holzfäller auf die Bäume klettern. Sofort. Vielleicht könnt ihr den Umriss des Großsiegels ausmachen und einen Plan davon zeichnen.«

»Ay, Sprecherin.«

»Du und Jeph, ihr habt uns wichtige Informationen vorenthalten«, knurrte Jeorje mit schmalen Lippen. Es fuchste ihn, dass Selia mehr wusste als er. »Der Kurier hat dem Stadtrat eine Menge verheimlicht. Er misstraut uns.«

»Dazu hat er auch allen Grund«, schoss Selia zurück. »Wäre es nach euch gegangen, hätten Horclinge seine Ehefrau zerfleischt.«

Jeorje setzte eine spöttische Miene auf. »Das musst gerade du sagen, Selia. Du bist mir die Richtige.«

Der Hieb saß. Selia schwieg und seufzte innerlich. Es hatte keinen Sinn, sich jetzt mit Jeorje zu streiten. Er hatte ein Recht, zu wissen, was auf sie zukam.

»Diese Horclingprinzen nennt man auch Seelendämonen. Lediglich an drei Nächten im Monat steigen sie aus dem Horc an die Oberfläche – an Neumond und an den Nächten davor und danach. Wenn man nicht aufpasst, stehlen sie die Gedanken der Menschen, wie jemand Äpfel von einem Karren stibitzt. Du musst dafür sorgen, dass deine Männer die Helme ihrer Rüstung mit Gedankensiegeln versehen.«

»Das ist bereits geschehen«, sagte Jeorje. »Weiß man, wie man diese Dämonen tötet, oder wie ihr Großsiegel wirkt?«

»Es hat dieselbe Wirkung wie unsere Bannzeichen. Wenn wir zulassen, dass sie ihr Großsiegel fertigstellen, können wir dieses Gelände nach Einbruch der Nacht nicht mehr betreten. Und sie selbst verfügen über einen sicheren Zufluchtsort, in dessen Schutz sie alles mögliche Unheil anrichten können. Und wie man diese Horclingprinzen umbringt ...« Selia zuckte mit den Schultern. »Am besten, man spießt sie mit einem Speer auf, schätze ich.«

Brines Holzfäller kletterten mit derselben Leichtigkeit die Bäume hinauf, wie sie Leitern erklommen. Sie riefen etwas und deuteten auf eine Stelle, die tiefer im Wald lag. Selia und Jeorje machten sich auf den Weg dorthin, und dann entdeckten sie mit fassungslosem Entsetzen die abgeschlagenen Baumstämme.

»Bei der Nacht!«, hauchte Selia.

»Der Schöpfer sei uns gnädig«, fügte Jeorje hinzu und zeichnete ein Siegel in die Luft.

Die Stämme waren in die Mitte des Dämonensiegels geschleppt worden. Dort türmten sie sich zu einer Kuppel auf, die aussah wie das gigantische Nest eines Webervogels. Mit dem Aushub aus den Gräben hatten die Horclinge die Zwischenräume abgedichtet. Der Eingang zu diesem monströsen Bau lag im Schatten und verströmte etwas Feindseliges, Unheilvolles.

»Da geh ich nie und nimmer rein, nich' mal am helllichten Tag«, verkündete Brine.

»Recht hast du, wirklich und wahrhaftig«, bekräftigte Lucik.

»Ob man dieses Nest verbrennen kann?«, überlegte Selia.

Brine legte eine Hand gegen das Bauwerk und versuchte, vor den anderen zu verheimlichen, dass er vor Angst zitterte. »Das Erdreich ist feucht. Das Holz wurde gerade erst geschlagen. Wenn wir mehr Zeit hätten, könnten wir vielleicht ein Feuer legen, aber …« Er blickte hoch in das dämmrige Licht, das durch das Blätterdach fiel. »Es hat keinen Zweck. Die Sonne steht schon tief.«

»Siegelpfosten«, entschied Selia. »Rings um das Nest. Die Gedankensiegel sollten besonders stark sein. Wenn ein Horclingprinz nach Tibbets Bach gekommen ist, versteckt er sich hier drin. Darauf kann man wirklich Haus und Hof verwetten.«

»Ist ohnehin alles egal, wenn das Dämonensiegel erst einmal fertig ist«, bemerkte Jeorje.

»Könnten wir die Gräben wieder auffüllen?«, fragte Lucik.

»Wenn alle mit anpacken«, meinte Jeroje, »würden wir es in ein paar Monaten schaffen.«

Selia schüttelte den Kopf. »Wir können das Werk der Dämonen nicht vollends zerstören, aber wir können es beschädigen.« Mit dem Finger tippte sie auf den in aller Eile gezeichneten Plan. »Hier und hier, an diesen Stellen. Lucik, deine Männer sollen mit Spaten die Grabenböschungen umbrechen. Brine, lass Bäume fällen, und zwar so, dass sie quer über die Furchen kippen.«

»Ay«, sagte Brine.

»Was bringt uns das?«, zeterte Mack. »Die Horclinge werden hier antanzen und die Schäden einfach ausbessern.«

»Ay«, stimmte Selia zu. »Und wir bereiten ihnen einen gebührenden Empfang.«

»Jeden Moment können sie aus dem Boden aufsteigen«, rief Selia ihrer Bürgerwehr zu. »Vergesst nicht, warum wir hier sind. Wir müssen um jeden Preis verhindern, dass das Siegel fertiggestellt und mit Energie gefüllt wird. Die Dämonen dürfen nicht zum Zuge kommen.«

Nicht auszudenken, was passiert, wenn wir versagen. Selia schwitzte Blut und Wasser. Sie festigte den Griff um ihren Speer, sprang in den flachen Graben und kauerte sich hin. Die oberen Kanten reichten ihr kaum bis zur Taille, und sie konnte jederzeit wieder hinausspringen, doch das Gefühl, in der Falle zu sitzen, ließ sich nicht abschütteln.

Es half ihr auch nicht, dass Jeorje Südwächter nur wenige Schritte von ihr entfernt auf den Knien lag und mit heiter entrückter Miene Gebete sprach. Sein Gehstock lag vor ihm auf dem Boden. Er war auf Selias Vorschläge eingegangen, hatte sich jedoch aufgeführt als wären dies seine ureigensten Ideen. Und auf jeden Fall wollte er mit ihr an vorderster Front kämpfen, damit sie bei einem Sieg nicht den Ruhm für sich allein beanspruchte.

Also warteten sie in ihrem Versteck, während die Schatten länger wurden und die Nacht sich herabsenkte. Selia stieß zischend den Atem aus, als die ersten Horclinge wie Rauchschwaden aus dem Erdinneren an die Oberfläche kamen. Jeorje riss die Augen auf und beobachtete den Boden des Grabens, aber Dämonen konnten bearbeitete Flächen nicht durchdringen, und das festgestampfte Erdreich genügte, um sie die Böschungen hochzutreiben. Direkt über Jeorje nahm ein Dämon allmählich stoffliche Gestalt an. In diesem Zustand war er am verletzlichsten, aber Jeorje ließ sich Zeit, damit die Überraschung umso größer war. Dann stieß er einen Alarmruf aus, der durch die Rinne hallte und seine Männer erreichte. Während diese ihre Waffen zum Einsatz bereit machten, entfernte er das Futteral von der Speerspitze an seinem Gehstock und rammte sie dem Dämon in den Bauch, bis hinein in dessen schwarzes Herz.

Magie fuhr knisternd am Stock entlang wie Elektrizität an einem Blitzableiter. Selia ahnte, welche Kräfte Jeorje nun durchströmten.

»Jetzt!«, schrie sie und suchte sich ihr eigenes Opfer aus, einen Baumdämon, der sich wenige Schritte von ihr entfernt auf der Böschung verfestigte. Sie richtete sich zu ihrer vollen Größe von sechs Fuß auf, stürmte aus ihrem Versteck und stieß ihren Speer in den Rücken des Horclings. Die versiegelte Spitze durchdrang den schuppigen Panzer, trank sich an der Magie des Dämons satt und verwandelte sie in tödliche Energie. Nur ein Bruchteil dieser Magie fand den Weg in Selias Körper, doch bereits diese kleine Menge genügte, um in ihr Wahnsinnskräfte zu entfesseln. Mit einem Ruck zerrte sie den Horcling die Böschung hinunter, wo Lucik und Lesa ihn gleichfalls mit ihren Speeren durchbohrten. Die Bestie zuckte ein letztes Mal und lag dann reglos da.

Mit hoch erhobenem Schild hetzte Selia mitsamt ihren Kämpfern Richtung Norden, während Jeorje an der Spitze seiner Männer gen Süden rannte. Dämonen, die sich in einigem Abstand von ihnen verstofflichten, stürmten auf sie zu, aber Brine und seine Holzfäller sprangen unter lautem Gebrüll aus den Baumwipfeln und fielen den Horclingen in den Rücken.

Aus den Tiefen des Waldes ertönte Gekreisch, und Siegellichter blitzten, als Dämonen versuchten, ihr Nest zu verlassen und sich unversehens von Siegelpfosten umringt sahen, die sie in ihrem Schlupfwinkel festhielten.

Selia blickte nach vorn und sah an der nächsten Biegung des Grabens einen zehn Fuß großen Felsendämon. Das Ungeheuer wirkte verstört, es schien eher am Graben weiterarbeiten als kämpfen zu wollen. Doch es rüstete sich zum Schlag, als Selia und ihre Bürgerwehr sich ihm näherten.

Der Felsendämon hieb mit seinen mächtigen Krallen nach Selia, aber die Siegel an ihrem Schild ließen den Schlag abprallen. Sie stemmte die Füße in den Boden, verschaffte sich einen festen Stand und stieß mit ihrem Speer zu. Die Spitze traf einen der langen Arme, Stichsiegel flammten auf, und der Dämon brüllte vor Schmerz. Aber das Monstrum war nicht ernsthaft verletzt, denn die Klinge vermochte den dicken Panzer nicht zu durchdringen.

Mit dem anderen Arm holte er aus, doch Lesa war zur Stelle, hob ihren Schild und verschaffte Selia Deckung. Der Dämon wollte herumschwenken und sie mit seinem mächtigen Schwanz angreifen, aber in dem schmalen Graben bekam er nicht genügend Schwung. Er strauchelte, und Lesa nutzte die Gelegenheit, um sich auf ihn zu stürzen. Ihre Speerspitze glitt in die Lücke zwischen den Panzerplatten, die das Knie des Horclings schützten, und bohrte sich tief in das Gelenk. Das gigantische Bein knickte ein, und Selia rammte ihren Speer in den sich öffnenden Spalt nahe der Leistengegend des Dämons.

Der Dämon kippte in ihre Richtung. Die Frauen tänzelten rückwärts, mit vollendet aufeinander abgestimmten Schritten wie bei einem einstudierten Reigen. Dann trennten sie sich, Lucik stürmte durch den freien Raum und bohrte dem Horcling seinen Speer in ein Auge.

Es war ein tödlicher Stoß, doch selbst in seinen Todeszuckungen war ein Felsendämon noch gefährlich. Einer der zuckenden Arme klemmte Lucik an der Grabenböschung fest. Selia, deren Sinne durch Magie geschärft waren, hörte deutlich das Knacken brechender Knochen.

»Lucik!« Ungeachtet der Gefahr stürzte sie vor. Der Dämon rührte sich nicht mehr, aber Lucik lag unter dem massigen Körper, und sein Gesicht lief rot an. Selia schob ihren Speer zwischen Horcling und Böschung und benutzte ihn wie einen Hebel.

»Hol Lucik da raus! Er kriegt keine Luft!« Sie biss auf die Zähne, stemmte sich mit dem Rücken gegen den Speer, rammte die Füße in den Untergrund und legte sich mit ihrem ganzen Gewicht auf den Schaft. Vor Anstrengung schrie sie auf, während Lesa herbeigeeilt kam und Lucik unter der Bestie hervorzog.

»Ist er schwer verletzt?«, fragte Selia, als das Schlimmste vorbei war.

»Mir ... geht es ... gut, Sprecherin«, röchelte Lucik.

»Bist ein tapferer Junge, Lucik, aber es geht dir nicht gut. Für dich ist Schluss mit Kämpfen.«

»Gib mir ... nur eine Minute ... bis die Magie ... mich geheilt hat.« Lucik versuchte, sich auf eine Hand zu stützen.

Ein tiefes Knurren ertönte. Selia blickte hoch und entdeckte einen Felddämon, der am Rand des Grabens kauerte. »Wir haben keine Minute.«

Lesa versuchte noch, ihren Schild hochzureißen, als der Horcling zum Sprung ansetzte. Die Bestie war schneller als sie und warf sie um. Sie verlor ihren Speer, der auf den Boden fiel und außerhalb ihrer Reichweite landete. Dann riss einer der Schildgurte. Der Schild hing schief an ihrem Arm und bot keine ausreichende Deckung mehr. Die kleineren Siegel auf ihrer Rüstung sprühten Funken und blitzten auf, als die Krallen des Dämons darüber schrammten, doch sie erloschen, während sie und der Horcling sich am Boden des Grabens wälzten, da nun der Dreck die Bannzeichen verklebte.

»Lesa!«, schrie Selia und stürmte herbei. Aber sie konnte ihren Speer nicht einsetzen, denn dann hätte sie es riskiert, Lesa zu treffen, die mit dem Horcling rang.

Die Krallen des Dämons zerrissen Lesas Rüstung, als bestünde sie aus Papier, und der aufgesperrte Kiefer näherte sich ihrem entblößten Hals. Selia warf Speer und Schild weg und stürzte sich mit einem Hechtsprung auf den Dämon. Sie landete auf dem Rücken des Horclings und trieb ihm die Luft aus den Lungen. Ihre dicken Handschuhe waren an den Fingerknöcheln mit versiegeltem Stahl verstärkt, und ein Donnerschlag krachte, als sie dem sich krümmenden Dämon die Faust gegen die Schnauze rammte.

Den Gegner zu Boden schlagen und dann nichts wie draufhauen, hatte ein Ratschlag ihres Vaters gelautet. Sie presste ihre Schienbeine gegen die hinteren Gliedmaßen des Dämons, nagelte ihn fest und hämmerte auf ihn ein. Jeder Schlag entzog ihm ein wenig mehr Magie und verstärkte die Wucht ihrer Hiebe, während sie in einen Zustand der Raserei verfiel. Bei jedem Schlag stieß sie den Atem durch den Mund aus, und wenn sie die Faust zurückzog, sog sie Luft durch die Nase ein.

»Selia!« Die Stimme kam aus weiter Ferne, und sie schenkte ihr keine Beachtung. Nichts zählte mehr, außer auf den Dämon einzudreschen. Die Welt wich zurück, und es gab nur noch den Kampf ums Überleben.

»SELIA!«, kreischte Lesa und packte mit hartem Griff ihre Schulter. Wie blind im Rausch der Magie wandte sich Selia gegen das Mädchen und holte zu einem wuchtigen Schlag gegen Lesas Kopf aus.

Lesa sah, wie die Faust auf sie zuflog, und blockte den Hieb ab. Dann stürzte sie sich auf Selia und schlang die Arme um sie. »Es ist gut, Selia. Der Dämon ist tot. Er ist tot, hörst du?«

Selia stierte auf den mit schwarzem Blut besudelten Horcling hinunter, dessen Kopf zu Brei zermalmt war. Erst dann stieß sie zitternd den Atem aus und erwiderte Lesas Umarmung.

»Du wärst beinahe gestorben.« Die Welt verschwamm vor Selias Augen, als sie zu weinen begann. »Und ich war so gemein zu dir, als wir uns das letzte Mal …«

»Schhhh«, flüsterte Lesa und küsste sie. »Das war halb so schlimm. Die alte Lady Unfruchtbar hat bloß versucht, mir Angst einzujagen. Aber so leicht ängstige ich mich nicht.«

»Dem Schöpfer sei Dank dafür.« Selia erwiderte den Kuss. In diesem Moment fiel ihr Blick auf Lucik, der sie beide mit weit aufgerissenen Augen anglotzte.

»Wolltest du etwas sagen, Junge?«

Sofort senkte Lucik den Blick. »Nein, Sprecherin.«

»Bist ein guter Junge.«

Nach diesem ersten Angriff dünnten sich die Reihen der Dämonen aus, und sie konnten die Stellung in den Gräben halten, bis der Himmel heller wurde. Nachdem auch die letzten Dämonen sich in Nebel verwandelt hatten und in den Horc zurück geflüchtet waren, stützte sich Selia auf ihren Speer und atmete erleichtert auf.

»Gepriesen sei der Schöpfer.« Jeorje schob das Futteral über die Klinge am Ende seines Gehstocks und wandte sich an seinen Großneffen, Fredd Südwächter. »Schick Boten nach Südwache und Sumpfland. Ich will, dass jeder, der zwei gesunde Hände und ein starkes Kreuz hat, morgen in aller Frühe hier ist. Wir werden dieses Großsiegel zerstören.«

»Ay, Sprecher.« Fredd schlug sich mit der Faust gegen die Brust und rannte los.

Selia hatte einen säuerlichen Geschmack im Mund, doch sie richtete das Wort an Brine. »Er hat recht. Wir brauchen jede Hand. Heute Nacht haben wir die Horclinge überrumpelt, aber ich glaube nicht, dass wir sie ein zweites Mal so unvorbereitet erwischen. Und in der kommenden Nacht haben wir noch einmal Neumond.«

»Aber was passiert nächsten Monat?«, fragte Brine. »Und in dem Monat danach?«

Selia spreizte die Hände. »Zum Horc, wenn ich das bloß wüsste. Doch eins nach dem anderen. Schafft die Verwundeten in das Lager auf Macks Feld und lasst nach der Schmucken Coline schicken.«

»Ay, Sprecherin«, sagte Brine.

Lesa suchte ihren Blick, als Brine sich entfernte, und Selia spürte, wie ihr Atem stockte. Jeorje hatte daheim eine Ehefrau, die nicht älter war als Lesa. Sein siebtes angetrautes Weib. Und sie selbst versagte sich die Freuden der Liebe?

»Auf Macks Hof müsste es doch einen Heuboden geben, nicht wahr, Mädchen?«

Das Lächeln, das sich auf Lesas Zügen ausbreitete, schien das Dämmerlicht zu erhellen. »Ay, ich schätze, wir finden schon ein lauschiges Plätzchen.«

Als sie loszogen, starrte Jeorje ihnen mit bösen Blicken hinterher, aber Selia kümmerte das nicht. Jeorje war nicht der einzige Mann, der noch einmal die Säfte der Jugend spürte. Und wenn das Leben ihr, Selia, eine zweite Chance auf Glück gewährte, würde sie sich nicht von Jeorje Südwächter und Raddock Fischer daran hindern lassen, diese Gelegenheit mit beiden Händen zu ergreifen.

Am nächsten Tag strömten aus der ganzen Gemeinde Leute herbei, die ihre Hilfe anboten. Sie verwüsteten das Großsiegel der Dämonen, indem sie Bäume fällten und neue Gräben zogen, um die Linien zu zerstören. Mack und seine Familie erhielten versiegelte Waffen, und mehrere Trupps durchkämmten die Wälder nach Anzeichen für die Planung eines neuen Siegels.

Gegen Mittag trafen die Sumpfländer ein. Grimmig zogen sie mit Fässern beladene Karren ins Lager.

»Was hat das zu bedeuten?«, wunderte sich Selia.

»Das gehört mit zu unserem Abkommen«, erklärte Jeorje. » Die Leute dort haben seit jeher ihre Probleme im Suff ertränkt. Anstatt hart zu arbeiten, griffen sie lieber zu Schnaps.«

Selia konnte dem nicht widersprechen. Der Weiler Sumpfland war berühmt für seine Schnapsbrennereien. Sie produzierten das so genannte Sumpfwasser, das aus vergorenem Reis hergestellt wurde und auch anstelle von Lampenöl benutzt werden konnte. Es schmeckte nicht so gut wie das in Torfhügel gebraute Bier, aber in Ruscos Gemischtwarenladen fand es reißenden Absatz. Zwei Fingerbreit genügten, um weniger trinkfeste Leute aus dem Tritt zu bringen. Vier Fingerbreit hauten selbst einen hartgesottenen Zecher um und ließen ihn aus vollem Hals altbekannte Lieder grölen.

»So schlagen wir zwei Fliegen mit einer Klappe«, freute sich Jeorje.

»Du brauchst das Zeug für den Stock«, erkannte Selia.

Jeorje nickte Keven Sumpfig zu, als der junge Mann sich respektvoll vor ihm verbeugte. »Alles da, Sprecher. Wir haben jedes einzelne Fass mitgebracht.«

»Bestimmt haben ein paar Leute heimlich Vorräte dieses verfluchten Zeugs versteckt, doch die werden wir auch noch finden«, sagte Jeorje.

Sie rollten die Karren zu dem gigantischen Dämonenstock. Vierschrötige Sumpfländer wuchteten Fässer auf die Spitze und stachen sie an, während andere mit einer Feuerspritze den Schnaps auf den Baumstämmen verteilten.

Nachdem das letzte Fass geleert war, verpestete der durchdringende Fuselgeruch die Luft. Jeorje selbst entzündete eine Fackel und schleuderte sie auf den mit Sumpfwasser übergossenen Stock. Er las laut aus dem Kanon vor, während die Flammen hoch aufloderten und dichte schwarze Rauchsäulen gen Himmel stiegen.

Traurig sahen die Sumpfländer zu, wie ihr geliebtes Sumpfwasser verbrannte. Die Hitze und der Qualm reizten ihre Augen, und Tränen hinterließen Spuren auf ihren mit Asche verschmierten Gesichtern.

Als der kuppelförmige Bau in sich zusammenfiel, ertönten von drinnen entsetzliche Schreie. Eine Stunde später zerbrach der gesamte Stock mit einem gewaltigen Donnerknall, das Bauwerk stürzte in die Tiefe, und wo es gestanden hatte, klaffte ein schier bodenloser Krater. In den Wänden gähnten Tunneleingänge, die von den brennenden Trümmern beleuchtet wurden. Sie reichten so tief ins Erdreich hinein, dass Selia kein Ende ausmachen konnte.

»Von dort aus führt der Weg direkt in den Horc, oder ich will Fischer heißen.« Brine schauderte.

Bei Sonnenuntergang stellten sie Wachen auf. Mehrere hundert Speere, Breitäxte und Bögen wurden bereitgehalten, aber selbst in der Finsternis der Nacht fand sich kein Horcling ein.

»Nicht mal einer von den Beständigen lässt sich blicken«, sagte Selia zu den anderen Sprechern.

»Vielleicht haben wir sie endgültig vertrieben«, mutmaßte Lucik hoffnungsvoll.

»Wenn diese Dämonenprinzen wirklich so schlau sind, wie du behauptest, dann wissen sie, dass wir auf sie warten«, sagte Jeorje. »Sie …«

Alle drehten sich um, als das heisere Röhren des Großen Horns die Stille der Nacht zerriss. Bangen Herzens zählte man die einzelnen Hornstöße. Vier langgezogene

Töne, gefolgt von einem kurzen Ton. Und gleich darauf sah Selia aufsteigenden Rauch und den rötlichen Widerschein eines Feuers.

Die Horclinge hatten Fischweiher angegriffen.

»Und wenn es eine Falle ist?«, gab Lesa zu bedenken. »Um uns von hier fort zu locken, damit sie mit dem Bau eines neuen Stocks beginnen können?«

»Möglich ist alles, aber ich werde nicht den Untergang von Fischweiher riskieren.« Selia schlug mit dem Speer gegen ihren Schild. »Sattelt die Pferde! Die Fischer-Sippe braucht unsere Hilfe!«

Trotz der mondlosen Nacht trieben sie die Pferde querfeldein. Selia ritt an der Spitze und gab ein gnadenloses Tempo vor, das viele, die keine erfahrenen Reiter waren, nicht beibehalten konnten. Ein großer Trupp folgte ihnen zu Fuß. Jeorjes großer grauer Hengst ließ sich jedoch nicht abhängen, sondern galoppierte scheinbar mühelos mit. Selia wusste nicht, ob Jeorje von dem Wunsch beseelt war, der Fischer-Sippschaft zu helfen, oder ob sein sturer Stolz es nicht zuließ, als zweiter am Ort des Geschehens einzutreffen.

Was bin ich doch für ein arrogantes, dämliches, altes Weib, verfluchte sie sich in Gedanken. *Wieso lasse ich mich überhaupt auf diese idiotische Rivalität ein? Ich habe mich kindisch benommen, und jetzt müssen die Fischers dafür büßen. Ich wusste die ganze Zeit, dass die Horclinge Tibbets Bach im Visier haben. Aber ich musste ja meinen Groll hätscheln. Auf Kosten der Fischer-Sippe.*

In diesem Augenblick haderte Selia mit sich selbst, sie hasste sich, weil sie in ihrem Leben so viele Fehler begangen hatte. Wie oft hatte sie versagt: bei Anjy Südwächter, bei Renna Gerber. Der Horc sollte sie holen, wenn sie dieser Liste noch Opfer aus Fischweiher hinzufügen musste.

Mehrere Häuser brannten, als sie über die Brücke ins Dorf donnerten. Ein paar Leute hatten sich vor den Flammen aufs Wasser geflüchtet, ihre Boote wurden vom Feuerschein und den blitzenden Siegeln beleuchtet, während Wasserdämonen versuchten, die Kähne in die Tiefe zu ziehen. Auf der Straße lagen zerfetzte Leichen, doch gellende Schreie verrieten Selia, dass noch längst nicht alle Dörfler umgekommen waren.

Etwas warf sich ihnen in den Weg. Selia und Jeorje mussten ihre Pferde so heftig zügeln, dass sie beinahe aus dem Sattel geschleudert wurden. Sie hoben ihre Waffen, aber es war nur Raddock Advokat, der die Hände auf eine Kopfwunde presste. Das hervorquellende Blut durchtränkte bereits sein Haar und den Bart. »Hilfe!«

»Raddock!« Selia senkte ihren Speer. »Was …«

Bevor sie den Satz beenden konnte, streckte Raddock die Hand nach ihr aus. Sein Arm dehnte sich zu einer unglaublichen Länge und verwandelte sich in einen sehnigen Tentakel mit einer gekrümmten Kralle, die größer war als eine Sense. Die Kralle peitschte durch die Luft und durchtrennte die Vorderbeine der Pferde wie Getreidehalme.

Butter stieß ein schrilles Wiehern aus und fiel kopfüber in den Schlamm. Selia schaffte es nicht mehr, sich rechtzeitig aus dem Sattel zu schwingen, und stürzte zusammen mit dem Pferd, dessen massiger Körper sie unter sich begrub.

Jeorje war schneller. Er sprang vom Rücken seines zusammenbrechenden Hengstes und landete auf den Füßen. Abermals ließ der Dämon seinen Tentakel durch die Luft sausen und traf mit voller Wucht Jeorjes Kopf. Der Kinnriemen seines mit Stahl verstärkten Hutes riss und Jeorje wurde umgeworfen. Bei dem Aufprall verlor er seinen Gehstock, der ein Stück weit über den Boden schlitterte.

Butter wollte sich aufbäumen, und einen Moment lang drückte er nicht mehr mit dem vollen Gewicht auf Selia. Die versuchte sich zu befreien, doch das Pferd sank wieder zurück, quetschte ihr den Atem aus den Lungen und drückte sie mit dem Gesicht voran in den Schlamm. Erst als Butter abermals gellend wieherte und wie wild mit den Beinstümpfen strampelte, ließ der Druck auf ihren Körper wieder nach. Dieses Mal kämpfte sie sich unter dem Pferd hervor, spuckte Dreck aus und wischte sich den Matsch aus den Augen.

Der Horcling, der Raddocks Gestalt angenommen hatte, kam auf sie zu gerannt. Lesa schleuderte ihren Speer auf ihn, doch der Dämon schnellte nach hinten. Geschmeidig wie eine Schlange krümmte er sich unter dem Speer hinweg und richtete sich dann blitzschnell auf, ohne nennenswert an Schwung einzubüßen.

Jeorje brachte sich wieder in den Besitz seiner Waffe und griff den Dämon an. Der Tentakel peitschte ihm entgegen, aber der alte Südwächter wehrte den Schlag ab und ging neuerlich zum Angriff über. Er riss seinen Gehstock hoch und schien zuschlagen zu wollen, doch stattdessen brüllte er vor Schmerzen, ließ die Waffe fallen und umklammerte mit beiden Händen seinen Kopf. Schreiend und um sich schlagend fiel er auf die Knie.

Selia spuckte noch einen Mundvoll Dreck aus und tastete im Matsch nach ihrem Speer. Sie bekam den glitschigen Schaft zu fassen, wirbelte herum und stellte sich dem Horcling entgegen.

Doch dann spürte sie es. Etwas, das sich in ihrem Kopf eingenistet hatte, brannte sich durch ihre Nervenbahnen wie flüssiges Feuer. Sie versuchte, sich dagegen zu wehren, sagte sich, dies seien keine echten Schmerzen, aber sie war diesen Qualen hilflos ausgeliefert. Krämpfe zerrten an ihren Muskeln, und dann fing sie an zu schreien.

Ungewollte Erinnerungen stiegen vor ihrem geistigen Auge auf. Der Dämon ließ die Zeit rückwärtslaufen, als blättere er Seiten einer Zeitung um. Einige Momente fanden keine Beachtung – Augenblicke der Freude, des Stolzes oder des Glücks. Stattdessen verweilte der Dämon bei Fehlschlägen. Er ergötzte sich an Schmerzen, an Augenblicken der Ohnmacht und der Verzweiflung. Zum Beispiel, als die Schule abbrannte. Als Renna Gerber zum Tode durch Horclinge verurteilt wurde. Als sie weinend und mit Blut überströmt die Straße nach Sonnige Weide entlangrannte.

Tränen liefen über ihr schmutziges Gesicht. Sie hörte Kampflärm, als die Bürgerwehr in gestrecktem Galopp über die Brücke sprengte, doch dies alles schien in weite

Ferne gerückt, unwichtig, wie wenn irgendwo an der Straße Leute auf einer Veranda saßen und lachten.

Der Dämon grub tiefer und förderte Erinnerungen zutage, die so kostbar, so intim waren, dass Selias Unterbewusstsein zu toben begann. Ihr Zorn schien den Horcling so zu interessieren, dass er kurz in seinem Tun innehielt. Und in diesem Augenblick fühlte sie etwas Seltsames, wie ein Prickeln auf ihrer Stirn.

Das Gedankensiegel, begriff Selia. Es war immer noch da, an ihrem Schutzhelm, aber der daran klebende Schmutz schmälerte seine Wirkung.

Sie wollte die Hand nach dem Siegel ausstrecken, aber die Luft stemmte sich ihr entgegen, bis es sich anfühlte, als würde sie ihre Finger in ein Fass voll Reis schieben. Doch sie ließ sich nicht entmutigen, biss die Zähne zusammen und wischte unbeholfen den Schlamm von dem Siegel.

Sofort ließ der Widerstand ein wenig nach. Sie spürte immer noch, dass etwas in ihren Geist eingedrungen war, doch dieses Gefühl schwächte sich in dem Maße ab, in dem das Siegel an Kraft gewann. Selia steckte ihre schmutzige Hand durch eine Lücke in ihrer Rüstung und fing an zu suchen. Nach mehreren hektischen Anläufen fand sie ein Taschentuch, zog es heraus und säuberte damit ihren Helm von den letzten Schlammresten.

Augenblicklich ließ der Druck in ihrem Kopf nach, und das Feuer, das in ihren Nerven brannte, erlosch, als würde man eine Kerze auspusten. Ihr Blick klärte sich, und sie sah den Gestaltwandler, der nun mit Pfeilen gespickt war. Die versiegelten Spitzen glühten sichtbar unter seiner Haut. Das Ding mit Raddocks Gesicht stieß einen unmenschlichen Schrei aus und zerschmolz. Die Pfeile blieben im Schlamm liegen, als die Kreatur sich in einen Felddämon verwandelte und vor dem anhaltenden Pfeilhagel flüchtete.

»Sichert die Straßen!« Wankend kam Selia auf die Füße und ging zu Jeorje, der immer noch zuckend auf dem Boden lag und sich den Kopf hielt. Nach kurzer Suche entdeckte sie seinen Hut, in dessen stählernem Band Gedankensiegel eingeritzt waren.

Sie schickte sich an, ihm den Hut aufzusetzen. Doch er krümmte sich, sprang sie ohne jede Vorwarnung an, schlang ihr seine kräftigen Arme um die Beine und brachte sie zu Fall.

»Jeorje! Komm wieder zu dir!«, brüllte Selia. Sie wartete nicht darauf, dass ihre Worte Wirkung zeigten, sondern verpasste ihm einen heftigen Schlag auf den ungeschützten Kopf.

Jeorje steckte den Hieb ein, drückte sie mit seinem vollen Körpergewicht auf den Boden und umklammerte mit beiden Händen ihren Hals. »Schon vor fünfzig Jahren hätte ich Tibbets Bach von dir befreien sollen!«

»Das … bist … nicht … du …« Keuchend stieß Selia die Worte hervor, während sie an Jeorjes Handgelenken zerrte, der dabei war, sie zu erdrosseln. Sie strampelte und trat mit den Füßen, doch sie schaffte es nicht, den Körper von sich herunterzuwälzen. Schließlich gelang es ihr, ihm ein Knie zwischen die Beine zu rammen, aber selbst das schien den Wahnsinn, der in Jeorjes Augen flackerte, weiter anzuheizen.

Selias Blick verschwamm. Lesa kreischte ihren Namen, aber die Dämonen strömten jetzt aus Fischweiher heraus, und die Bürgerwehr war vollauf damit beschäftigt, sie abzuwehren.

Selia ballte ihre durch Stahl verstärkte Faust, und unter Aufbietung ihrer letzten Kräfte versetzte sie Jeorjes Ellenbogen einen Schlag. Einen kurzen Moment lang lockerte sich sein Griff um ihren Hals.

Selia atmete röchelnd ein und schlug wieder zu. Dieses Mal traf sie Jeorjes Kehlkopf. Jetzt war es an ihm, nach Luft zu schnappen. Selia winkelte ihre Beine an, sprang auf die Füße und stieß Jeorje von sich weg. »Beim Horc, verflucht noch mal!« Ihre Stimme war ein heiseres Krächzen. »Das bist nicht du, Jeorje! Das ist der Dämon!«

Doch war es tatsächlich so? Vielleicht stand er unter dem Einfluss des Horclingprinzen, aber zweifelsohne hatte Jeorje diese Fantasien schon seit Jahrzehnten in einem dunklen Winkel seines Herzens genährt.

»Mörderin!« Er griff sie wieder an.

Damit hatte Selia gerechnet. Sie wich seinem Schlag aus, unterlief seine Deckung und hämmerte ihre Fäuste gegen seine Rippen, ehe sie rasch zurücktänzelte. Er war stolz darauf, keine ausreichende Rüstung zu tragen, und diese Eitelkeit gereichte ihm jetzt zum Nachteil. In das Futter seiner Jacke waren Platten eingenäht, doch das Kleidungsstück stand vorne offen, und ihre Hiebe trafen den ungeschützten Brustkorb. Nicht einmal in seinem Zustand der Raserei konnte Jeorje derartige Schläge einfach wegstecken.

Er versuchte Selia festzuhalten, und sie ließ sich von ihm packen. Sie krallte die Hände in seine Schultern und riss ihn nach unten, nur um ihm ihr gepanzertes Knie in die Nieren zu rammen. Mit einem kräftigen Schubs stieß sie ihn von sich weg, und in seiner Benommenheit konnte er dem Fußtritt nicht ausweichen, der ihn zu Boden gehen ließ.

Er machte Anstalten, sich aufzurappeln, und Selia wusste, dass der Kampf noch lange nicht vorbei war. Anstatt sich auf ihn zu stürzen oder das Weite zu suchen, schnappte sie sich seinen Hut und stülpte ihm den Schutz über.

Jeorje schüttelte den Kopf. Der irre Blick wich aus seinen Augen, als er zu Selia hochsah. »Selia, was …?«

»Der Dämon steckte in deinem Kopf«, sagte Selia. »In meinen Geist war er ebenfalls eingedrungen.«

Jeorjes Mund war eine schmale Linie, als er sich wieder auf die Füße stellte und die Straße entlangspähte.

»Keine Ursache. Gern geschehen«, sagte Selia hinter seinem Rücken.

Jeorje gab vor, die Worte nicht zu hören, sondern bückte sich nach seinem Gehstock. »Das ändert nichts an den Tatsachen, Selia.«

Selia ging nicht auf diese Bemerkung ein und nahm wieder ihren Speer und den Schild an sich. Von Jeorje konnte sie keinen Dank erwarten. Sie rüsteten sich, um wieder am Kampf teilzunehmen, doch das Schlimmste war vorbei. Die Dämonen, die noch kurz zuvor in Schwärmen aufgetreten waren, zerstreuten sich in der Nacht.

Sie marschierten durch die Straßen von Fischweiher und fanden viele Überlebende. Angeführt von einem Seelendämon, hatten die Horclinge die Siegel beinahe mühelos durchbrochen, aber es schien, als seien sie hauptsächlich daran interessiert gewesen, die führenden Persönlichkeiten von Tibbets Bach in eine Falle zu locken. Die Fischer-Sippschaft hatten sie bewusst verschont. Der echte Raddock hatte Zuflucht in einem der Fischerboote gesucht.

»Daran bist einzig und allein du schuld«, knurrte Raddock, nachdem er wieder an Land gegangen war. »Du hast den Leuten Schutz versprochen. Meinem Dorf hast du die Mittel, um sich selbst zu verteidigen, versagt. Stattdessen bist du mit deiner ganzen Bürgerwehr losgezogen, um einzig und allein Mack Weides Hof zu schützen.«

Raddocks Vorwurf war hart, aber er hatte recht. Es war ein Fehler gewesen, der Fischer-Sippe die Kampfsiegel vorzuenthalten, ganz gleich, was diese Leute getan hatten. Sie setzte zu einer Antwort an, kam aber nicht mehr dazu.

»Das sind wahre Worte, Fischer«, kam Jeorje ihr zuvor, ehe sie sich äußern konnte. Jeorje streckte seine Hand aus. »Südwache kann euch dabei helfen, das Dorf wieder aufzubauen. Und vor dem nächsten Neumond haben wir eure Fischspeere mit Siegeln verstärkt.«

Eine geraume Zeit lang starrte Raddock die Hand an, dann ergriff er sie. Sein finsterer Blick richtete sich auf Selia, als die Männer das Abkommen per Handschlag besiegelten.

Während der nächsten zwei Wochen herrschte in Stadtplatz hektische Betriebsamkeit. Selia ließ die Leute von Sonnenauf- bis Sonnenuntergang schuften, bis die Pflastersteine zu einem Siegelmosaik angeordnet waren. Verängstigte Anwohner ließen bei Rusco anschreiben und versorgten sich im Gemischtwarenladen mit Werkzeug und anderem Material, um ihre eigenen Großsiegel anzulegen. In der Taverne drängten sich die Gäste. Die Sumpfländer tranken mit verbitterten Mienen Bier aus Torfhügel, während alle über ihre Ängste und Befürchtungen sprachen.

Die Bewohner von Südwache kamen in großen Scharen durchs Dorf. Sie waren unterwegs nach Fischweiher und transportierten auf Karren Bauholz und allerlei Vorräte. Jeorje stand zu seinem Wort, und Selia brachte es nicht über sich, ihn dafür zu verdammen. Sie selbst hatte Zeit genug gehabt, um den Streit mit der Fischer-Sippe zu klären.

Selia war überall, beruhigte die erregten Gemüter und sorgte dafür, dass jeder fleißig mit anpackte. Die Dämonen hatten ihren zerstörten Stock offenbar aufgegeben. Doch es hätte einer ungeheuren Anstrengung bedurft, um den riesigen Krater wieder aufzufüllen, und niemand war so töricht, sich in die unterirdischen Tunnel zu wagen.

Lesa hielt sich jetzt für gewöhnlich bei Selia auf, und jeder durfte das wissen. Vorgeblich als Selias Gehilfin, aber anscheinend war man im Dorf Raddocks Vorschlag gefolgt und hatte die Ältesten in der Gemeinde ausgefragt. Manch einer bedachte die beiden Frauen mit scheelen Blicken, wenn er glaubte, sie bekämen es nicht mit, und nicht alle waren noch so freundlich zu ihnen wie sonst. Auf den Gesichtern zeigte sich eine gewisse Kühle. Trotzdem wagte es keiner, sich öffentlich gegen sie zu stellen, und Selia fing an zu glauben, Lesa habe recht.

»Heute hat meine Mam mich gefragt, ob ich eine warme Schwester bin«, sagte Lesa eines Abends zu Selia.

Etwas klapperte, und Selia sah, dass ihre Hand, mit der sie den Unterteller und die Teetasse hielt, zitterte. Sie stellte den Teller auf dem Tisch ab, bevor sie den Tee verschüttete. »Und was hast du ihr geantwortet?«

»Dass es stimmt.«

Selia holte tief Luft. »Und sie hat dir den Umgang mit mir nicht verboten?«

»Ich bin eine erwachsene Frau, auch wenn die alte Lady Unfruchtbar das nicht einsehen will«, versetzte Lesa. »Meine Mam kann mir nichts mehr verbieten.«

Selia nickte. »Natürlich nicht. Aber was hat sie gesagt?«

»Was ich erwartet habe«, erwiderte Lesa. »Dass sie mich trotzdem liebhat und dass ich immer ihre Tochter sein werde. Dass du eine anständige Frau bist und viel für die Gemeinde getan hast. Aber du wärst sehr viel älter als ich, und es wäre keine Beziehung auf Augenhöhe. Außerdem müsste ich auf Kinder verzichten, und das wäre doch sehr traurig.«

Unwillkürlich legte Selia eine Hand auf ihren Bauch und tat dann so, als glätte sie ihr Kleid. »Wenn wir uns Kinder wünschen, ließe sich das durchaus einrichten. Solche Möglichkeiten gibt es.«

Lesa stemmte die Hände in die Hüften. »Ich werde doch nicht mit einem Mann …«

Mit einem Wink brachte Selia sie zum Schweigen. »Ich habe in Büchern darüber gelesen. In der alten Welt war so etwas gang und gäbe. Eine Art künstliche Befruchtung. Mit Vieh wird das ständig gemacht.«

Lesa verzog angewidert das Gesicht. Selia lachte und gab ihr einen Kuss. Endlich schüttelte sie die Last ab, die sie seit Jahren mit sich herumgeschleppt hatte. Leichten Herzens ging sie zu Bett.

Am nächsten Morgen weckte sie der Klang eines Kurierhorns.

Obwohl er keine guten Nachrichten brachte und nur eine kleine Posttasche bei sich hatte, strömten die Leute in die Taverne, als der Kurier sich im Hinterzimmer von Ruscos Gemischtwarenladen mit dem Stadtrat traf. Seine Rüstung wies frische Kampfspuren auf, und Mann wie Pferd waren erschöpft von der Reise. Der Kurier hatte schwarzes Haar und einen schwarzen Bart, und seine Augen erinnerten an die eines Nachtwolfs.

»Ich heiße Marick.« Der Mann hielt eine versiegelte Tasche in die Höhe. Das Siegel zeigte einen Mörser und einen Stößel. »Und ich bin hier im Auftrag von Meisterin Leesha Papiermacher, Gräfin der Talgrafschaft.«

»Die Gräfin ist eine Kräutersammlerin?«, platzte Coline verdutzt heraus.

»Ay«, bestätigte Marick. »Und dem Schöpfer sei Dank dafür. Als die Krasianer kamen, hätte das Tal keine bessere Anführerin haben können.«

»Die Krasianer sind aus ihrer Wüste gekommen?«, vergewisserte sich Rusco.

Marick nickte. »Sie griffen die Freien Städte an. Eroberten Fort Rizon und nahmen das Festland von Lakton ein. Tausende von Flüchtlingen zogen gen Norden.«

»Beim Schöpfer!« Harral zeichnete ein Siegel in die Luft.

»Ein Pakt zwischen Miln und Angiers setzte dem Eroberungszug ein Ende«, erzählte Marick. »Das ... und der gemeinsame Feind.«

»Die Horclinge«, sagte Selia.

Marick reichte ihr die Tasche. »Es steht alles in Meisterin Leeshas Brief, Sprecherin. Die Dämonen schwärmen aus und versuchen, überall in Thesa neue Stöcke anzulegen.«

Selia nickte. »Davon waren wir schon betroffen. Sie hatten angefangen, in den Wäldern im Westen ein Großsiegel zu bauen. Wir zerstörten die Linien und setzten den Stock in Brand. Im Boden befindet sich jetzt ein großes Loch, von dem massenhaft Gänge nach unten führen, vermutlich bis hinein in den Horc.«

»Bei der Nacht!«, staunte Marick. »Habt ihr den Seelendämon gesehen?«

»Das nicht, aber ich spürte, wie er in meinen Kopf eindrang, ehe ich ihn mit dem Gedankensiegel wieder vertrieb.« Selia erwähnte nicht, dass Jeorje gleichfalls betroffen gewesen war. Jetzt mussten sie zusammenstehen, Einigkeit war wichtiger denn je.

»Du hast verdammtes Glück gehabt, Sprecherin«, meinte Marick. »Nicht viele schaffen es, einen Seelendämon, der sie gepackt hat, zu verscheuchen. Aber ihr müsst wissen, dass es noch nicht vorbei ist. Nächsten Monat kommen sie zurück, und dann werden sie noch stärker sein als zuvor. Wenn eine junge Dämonenkönigin sich erst einmal in einem Stock eingenistet hat, betrachtet sie eure Gemeinde als ihre Speisekammer.«

»Was können wir tun?«, fragte Brine Holzfäller.

Der Kurier zuckte die Achseln. »Wollt ihr meinen persönlichen Rat hören? Dann schlage ich vor, ihr packt eure Sachen und verlasst noch vor dem nächsten Neumond euer Dorf.«

Am anderen Morgen machte sich Lesa in aller Frühe auf den Weg. Die Neuzugänge für die Bürgerwehr sollten ausgebildet werden, und dabei wollte sie helfen. Denn in einer Sache waren Selia und Jeorje sich einig: Sie wollten verdammt sein, bevor sie Tibbets Bach den Horclingen überließen.

Kaum war sie weg, da klopfte es an der Tür. Selia machte auf, und vor ihr stand Fürsorger Harral, der die Hände rang und ein betretenes Gesicht machte.

Selia schnalzte mit der Zunge. »Wie lange hast du hier herumgelungert und darauf gewartet, dass sie geht?«

»Lange genug«, antwortete Harral.

Selia seufzte und ließ den Fürsorger eintreten. »Komm schnell rein, bevor sie zurückkommt. Ich brüh frischen Tee auf.«

»Danke«, sagte Harral.

»Hat Stewert dir nie erzählt, dass ich eine warme Schwester bin?«, fragte sie. »Bei der Nacht, *die* warme Schwester schlechthin.«

Harral schüttelte den Kopf. »Fürsorger Stewert, möge der Schöpfer seiner Seele Frieden schenken, ist viel zu früh von uns gegangen. Vielleicht wollte er es mir später erzählen, wenn ich ein bisschen älter gewesen wäre.«

In der Tat war Harral ein Fürsorgeranwärter von Anfang zwanzig gewesen, als sein Meister starb und ihm eine Gemeinde von siebenhundert Mitgliedern hinterließ, Südwache nicht eingerechnet. Anfangs hatte er sich schwergetan, doch nach ein paar Jahren war er in seine Aufgabe hineingewachsen und hatte an Weisheit gewonnen. Selia hoffte, dass sich diese Weisheit auch auf den gegenwärtigen Fall erstreckte.

»Selia …«, begann Harral.

»Der Schöpfer hat mich geschaffen, so wie dich auch«, sagte Selia. »Er muss einen Grund gehabt haben, warum er mich so schuf, dass ich mir nichts aus Männern mache, sondern lieber Mädchen …«

Harral hob eine Hand, um sie zum Schweigen zu bringen, aber sie redete einfach weiter. »Willst du nicht einmal darüber reden? Das stimmt mich nicht gerade hoffnungsvoll, Fürsorger.«

»Ich kenne dich, Selia«, sagte Harral. »Ich weiß, dass du ein aufrechter Mensch bist. Du sorgst für die Einwohner dieses Dorfes als wären sie deine Kinder. Und das ist der Grund, weshalb ich hier bin. Ich möchte sicherstellen, dass du dir alles gut überlegt hast.«

Selia schenkte Tee ein und stellte eine Tasse vor den Fürsorger hin. Sie bot weder Zucker noch einen Keks an. »Was genau soll das heißen?«

»Du bist fünfzig Winter älter als dieses Mädchen«, sagte Harral.

»Und Jeorje ist neunzig Winter älter als seine jüngste Ehefrau«, erwiderte Selia. »Stam ist dreißig Winter älter als Maddy Fischer.«

Mit seiner Tasse deutete Harral auf Selia. »Ay, und du, Selia, hast sie deswegen immer verurteilt. Du hast es nie gebilligt, dass Jeorje sich mehr als eine Ehefrau nahm, und – bei der Nacht! – du hast an allem, was Stam Schneider macht, etwas auszusetzen.«

Das stimmte, doch Selia verschränkte trotzig die Arme. »In Tibbets Bach gibt es nicht viele warme Schwestern, die siebzig Winter zählen, Fürsorger. Die Magie hat mir ein neues Leben geschenkt. Soll ich es allein verbringen?«

Harral breitete die Arme aus und zog die Aufmerksamkeit auf seine schlichte braune Kutte. »Du bist nicht die Einzige, die dieses Opfer bringen muss, Selia. Denkst du, ich hätte keine Bedürfnisse? Aber ich unterdrücke sie, zum Wohle dieser Gemeinde. Die Menschen haben das Recht auf einen Heiligen Mann, der seine Gelübde einhält.«

»Ay«, stimmte Selia zu. »Gelübde bricht man nicht. Aber ich habe mein Leben nicht dem Schöpfer geweiht, Harral. Wieso ist das Wohl dieser Gemeinde gefährdet, wenn ich nicht allein bleibe?«

»Die Leute blicken zu dir auf, du bist ihr Vorbild«, sagte Harral. »Was sollen sie von dir denken?«

»Dass ich ein liebendes Herz habe?«, fragte Selia. »Dass ich keineswegs unfruchtbar bin, ganz gleich, was man hinter meinem Rücken über mich tuschelt? Dass ich mich nicht durch engstirnige Vorurteile daran hindern lasse, mein Leben zu genießen?«

Harral stieß den Atem aus. »Ist dein Glück wichtiger als das anderer Leute? Ahnst du überhaupt, was du Lesas Eltern antust?«

»Sie haben sich an dich gewandt?«, fragte Selia.

»Mach ihnen das nicht zum Vorwurf, Selia. Für ihr Mädchen wollen sie nur das Beste. Sie haben sich erkundigt, was der Kanon dazu sagt – ob Lesa das Himmelreich verwehrt wird.«

»Ich habe schon den Kanon gelesen, da warst du noch nicht mal geboren, Fürsorger«, entgegnete Selia. »Mit Schwulen geht der Kanon hart ins Gericht, aber nirgendwo steht geschrieben, dass wir nicht in den Himmel kommen.«

»Ay, und genau das habe ich ihnen gesagt. Wir alle sind des Schöpfers Kinder, und es ist unsere Pflicht, einander zu lieben und beizustehen, von Sonnenaufgang bis Sonnenuntergang. Aber …«

Selia zog die Stirn kraus. »Bis jetzt war ich sehr geduldig mit dir, Fürsorger. Wähle deine nächsten Worte mit Bedacht.«

»Die Leute reden, Selia«, fuhr Harral fort. »Geschichten verbreiten sich in Windeseile. Bis jetzt ist es nur ein Gerücht, aber wenn ihr zwei so weitermacht wie bisher, wird es bestätigt.«

»Je eher es ans Licht kommt, umso besser«, sagte Selia. »Geheimnisse werden mit der Zeit zu eiternden Geschwüren, und dieses Geheimnis besteht bereits seit fünfzig Jahren. Höchste Zeit, dass die Eiterbeule aufgestochen wird.«

»Viele aus der Gemeinde billigen solche Neigungen aber nicht«, sagte Harral. »Sie fragen bereits nach dem wahren Grund, weshalb du dich so für Renna Gerber eingesetzt hast.«

Selia ballte eine Faust. »Ich habe dieses Mädchen nie angerührt. Du …«

Harral hob die Hände. »Ich sagte ihnen, das seien nichts als Märchen, aus der Luft gegriffene Unterstellungen. Doch du weißt ja selbst, dass die Leute nicht immer auf ihren Fürsorger hören. Viele halten zu dir, aber andere murren und machen sich Sorgen, so etwas könnte … ansteckend sein.«

»Das ist keine Krankheit wie der Schleimfluss, Harral«, fauchte Selia. »Es ist meine Natur. So bin ich nun mal.«

»Wir sind die, die wir sein wollen, Selia«, widersprach Harral. »Wir haben die Wahl.«

Selia riss ihm die Tasse aus den Händen. »Dann solltest du jetzt besser deinen Abgang wählen, Harral. Verschwinde aus meinem Haus.«

»Ich bin nicht dein Feind, Selia.« Harral schob den Stuhl zurück und stand auf. »Raddock hingegen hetzt die Fischer-Sippe gegen dich auf, die Sumpfländer weigern sich, in unser Dorf zu kommen, und die Südwächter …«

»Ich weiß alles über die Südwächter!« Selia schob ihn sanft, aber energisch zur Tür.

»Raddock hat ein Treffen des Stadtrates anberaumt«, sagte Harral.

»Ay?« Selia erstarrte.

»Am Morgen des ersten Tages von Neumond. Er sagt, solange du Gemeindesprecherin bist, seien wir gefährdet. Laut Raddock stellst du für uns alle ein Risiko dar.«

»Ist das überhaupt zulässig?«, fragte Lesa.

»Jeder Sprecher kann ein Misstrauensvotum beantragen«, sagte Selia.

»Es spielt ohnehin keine Rolle.« Lesa nahm Selias Hand. »Die Menschen mögen nicht, was sie nicht verstehen, aber sie wissen, dass Raddock Advokat diese Gemeinde auf den Kopf gestellt und dafür von Arlen Strohballen Prügel bezogen hat. Sie wissen, welche Opfer du für die Gemeinde gebracht hast. Niemals werden sie dich abwählen und ihn an deine Stelle setzen.«

»Bei der Nacht, Mädchen!« Selia entriss ihr ihre Hand. »Wegen dieses verdammten Raddock Advokat brauchen wir uns keine Sorgen zu machen! Wer mir schwer im Magen liegt, ist Jeorje!«

Lesa verschränkte die Arme. »Die Leute wollen nicht alle ihre Klamotten schwarz färben, auf Bier und Zucker verzichten und jeden Tag ins Heilige Haus rennen.«

»In erster Linie wollen sie nicht von Horclingen zerfleischt werden«, sagte Selia. »Jeorje hat sich Sumpfland und Fischweiher unter den Nagel gerissen, indem er den Leuten dort Schutz versprach. Das ist schon mal die Hälfte der Einwohnerschaft. Wenn nur noch ein paar andere Weiler für ihn stimmen ...«

»Das werden sie nie und nimmer. Das können sie einfach nicht tun.« Doch Lesa schien damit nicht nur Selia, sondern auch sich selbst überzeugen zu wollen.

Während der nächsten Tage sagte Selia sich in Gedanken immer und immer wieder dasselbe. Sie machte kein Geheimnis daraus, dass Lesa jetzt bei ihr wohnte, aber sie stellte ihre Beziehung auch nicht mehr öffentlich zur Schau. Das Mädchen ritt mitten im Trupp der Bürgerwehr, wenn sie nachts unterwegs waren und Jagd auf Horclinge machten.

Doch am ersten Tag der Neumondphase, als jeder halbwegs rüstige Mann aus Südwache in Stadtplatz aufmarschierte und sie die grimmigen Mienen und Speere sah, wusste sie, dass es bereits zu spät war.

»Bei der Nacht«, hauchte Lesa.

»Ich kann nicht sagen, dass mich das überrascht«, sagte Selia. »Es ist nicht das erste Mal, dass die Südwächter nach Stadtplatz kommen und Streit suchen.«

4

So weit, wie es sein muss

284 NR

An Markttagen brachten die Südwächter ihre Kinder nicht mehr nach Stadtplatz mit, doch das trug nicht dazu bei, Selias Arbeit zu erleichtern. Ohne Baumaterial und Arbeitskräfte aus Südwache ging der Wiederaufbau der Schule nur quälend langsam voran. Und da Anjy, Raddock und Deardra nicht mehr beim Unterricht halfen, musste Selia deren Aufgaben übernehmen.

Sie tat es ohne Murren und strengte sich gewaltig an, denn die Kinder von Tibbets Bach sollten eine ordentliche Ausbildung erhalten und durften keinesfalls unter ihren persönlichen Problemen leiden. Sie wusste nicht, welche Gerüchte über sie in Südwache kursierten, aber die Leute aus den anderen Weilern taten so, als wäre alles in schönster Ordnung. Die Südwächter waren schon immer seltsam gewesen und neigten zu Ausbrüchen von Fanatismus und Selbstgerechtigkeit. Und in Fischweiher hatte man ohnehin nicht geglaubt, dass die Kinder des Dorfsprechers für immer und ewig Rechnen, Schreiben und Lesen unterrichten würden.

Selia läutete die Schulglocke und kündigte das Ende des Unterrichts an. Als die Kinder das Klassenzimmer verließen, gab Lory Selia einen abgedeckten Korb. »Heute Nachmittag bricht Jahn Kurier mit seiner Karawane auf. Ich habe ihnen Butterkekse für unterwegs gebacken. Liefere den Korb bei ihnen ab, bevor du zum Einkaufen gehst.«

Selia nahm den Korb und zog los. Sie traf Jahn und ihren Vater bei einem freundschaftlichen Gespräch, während die letzten Abgaben für den Herzog, Reis, Bauholz, landwirtschaftliche Erzeugnisse und Fisch auf die Karren geladen wurden. In seiner glänzend polierten Rüstung, auf der sich die Mittagssonne spiegelte, gab Jahn eine imposante Erscheinung ab. Isak Fischer war ebenfalls da, und hinter ihm stand Raddock in Habtachtstellung.

Sie verlangsamte ihre Schritte und überlegte, ob sie mit der Übergabe des Korbes warten sollte, bis die Karawane sich in Bewegung setzte. Doch der Kurier entdeckte sie. »Selia! Komm, nimm Onkel Jahn noch einmal in die Arme und drück ihn ganz fest, ehe ich in die ungeschützte Nacht hinausgehe!«

Er hob Selia in die Höhe und schwenkte sie herum. Nicht einmal Raddocks und Isaks wütende Blicke konnten verhindern, dass sie strahlend lächelte. Vor vielen Jahren war Jahn Edwars Lehrling gewesen, und wenn er ins Dorf kam, wurde er so liebevoll empfangen wie ein Familienmitglied. Er drückte Selia an seine gepanzerte Brust, und der Geruch nach Öl, Metall und Leder erinnerte sie so sehr an die Umarmungen ihres Vaters, dass sie sich unglaublich geborgen fühlte.

Jahn stellte sie wieder auf die Füße. »Dich hochzuheben wird immer schwerer, Mädchen. Bald bist du so groß wie dein Vater. Du wirst der Gemeinde einmal wackere, starke Kinder schenken.«

Isak hüstelte.

»Da wär ich mir nicht so sicher«, grummelte Raddock.

Jahn warf ihm einen gereizten Blick zu. Raddock war klug genug, den Kopf zu senken, und Jahn ließ die Bemerkung durchgehen. »Rieche ich da die köstlichen Butterkekse deiner Mutter?«

Selia verabschiedete sich schon bald, denn sie wollte sich nicht länger in Isaks und Raddocks Nähe aufhalten. Es war spät am Nachmittag, doch ein paar Südwächter schlenderten noch über den Markt und tätigten letzte Einkäufe. Einige von ihnen bemerkten sie, und man kehrte ihr betont auffällig den Rücken zu. Der Schöpfer allein wusste, was Jeorje ihnen erzählt hatte. Sie schob sich in eine andere Reihe von Verkaufsständen, bevor jemand diese Beleidigung mitkriegte.

Doch das, was sie dort sah, war auch nicht besser. Peat Baumgärtner bot Deardra Fischer mit einer übertrieben artigen Verbeugung einen glänzenden Apfel an. »... fast so süß wie du.«

Dass ledige junge Männer Deardra hofierten, war nichts Neues. Sie war sehr hübsch und konnte mit einer stattlichen Mitgift rechnen. Aber bis jetzt war sie noch nie auf solche Gunstbezeugungen eingegangen, obwohl sie ständig behauptete, sich verheiraten zu wollen. Auch Peat erntete nur einen müden Blick und ein geduldiges Lächeln – bis Deardra Selia entdeckte.

»Nein, wie galant du doch bist.« Sie beglückte Peat mit einem verliebten Lachen, und als sie den Apfel annahm, verweilte ihre Hand auf der seinen. Dann drückte sie ihm sogar einen Kuss auf die Wange. Peat errötete und bemerkte nicht das hämische Lächeln, das Deardra in Selias Richtung schickte.

Selia drehte sich um, bevor Deardra den Ausdruck auf ihrem Gesicht sehen konnte. Eigentlich hätte sie darüberstehen müssen, aber Deardras Verrat konnte die Erinnerungen an ihre gemeinsam verbrachte Zeit nicht trüben. Vielleicht empfand Deardra ja genauso und vermied es deshalb, sich fest an einen Mann zu binden.

Für eine warme Schwester war es nicht leicht, sich neu zu orientieren.

Es war spät geworden, und die meisten Leute packten wegen der herannahenden Abenddämmerung ihre Sachen zusammen, als Selia ihren Rundgang über den Markt beendete. Sie ging an Bils Verkaufsstand vorbei, um Hallo zu sagen, doch dort traf sie nur seine Mutter Neta an, die hingebungsvoll mit Coran Sumpfig feilschte.

»Ein *Fass* Reis für eine popelige Steppdecke?!«, regte Coran sich auf. »Benutzt du Fäden aus gesponnenem Gold?«

»Eine Steppdecke zu nähen ist schwieriger als Kinder Saatgut ausstreuen zu lassen«, schoss Neta zurück.

»Psst! Selia!«, zischelte Bil, als Selia an dem Stand vorbeieilte. Er lugte hinter der Bude hervor und winkte sie zu sich. Genau an der Stelle hatte sie sich vor gar nicht langer Zeit mit Raddock gestritten.

»Was ist los?«, flüsterte Selia. Bevor sie zu ihm ging, vergewisserte sie sich, dass niemand sie beobachtete.

Anjy Südwächter bemerkte sie erst, als das Mädchen die Arme um sie schlang und Selia beinahe den Korb fallen ließ. Im ersten Moment versteifte sie sich. Dann erwiderte sie die Umarmung, drückte das Mädchen ganz fest an sich, vergrub ihr Gesicht in Anjys Haar und sog tief den Duft ein.

»Was tust du hier?«, fragte Selia leise, als sie sich voneinander lösten. Sie erschrak, als sie sah, dass Anjys linkes Auge zugeschwollen und purpurrot verfärbt war. Das rechte Auge war schwarz unterlaufen. Ihre Nase war doppelt so groß wie sonst, und an den Nasenlöchern klebte verkrustetes Blut.

»Wer hat dir das angetan?« Selia umklammerte den Korb so fest, dass das Rohrgeflecht in ihre Haut schnitt.

Anjy senkte den Blick. »Mein … Ehemann.«

Selia krampfte sich der Magen zusammen. Anjy war erst seit wenigen Wochen wieder in Südwache. Und bereits verheiratet? »Und was sagt dein Großvater dazu?«

»Dass ich es mir selbst zuzuschreiben habe. Dass es nicht reicht, wenn ich aufhöre zu sündigen, sondern dass mir die Sünde aus dem Leib geprügelt werden muss.«

»Beim Schöpfer!«, murmelte Bil.

Selia stieg die Galle hoch. »Weiß jemand, dass du hier bist?«

Anjy schüttelte den Kopf. »Ich bin heimlich aus dem Fenster geklettert, und gleich wird es dunkel. Auf dem Markt hat mich bestimmt keiner gesehen, aber morgen früh wird Großvater nach mir suchen.«

»Und er weiß genau, wo er suchen muss.« Selia hob das Umschlagtuch von Anjys Schultern an und zog es ihr über den Kopf. »Hier können wir nicht bleiben. Bil, sei so gut und hol die Schmucke Sallie. Sag ihr, sie soll so schnell wie möglich zum Haus des Sprechers kommen.«

»Ay, Selia.« Bil rannte los. Selia vergewisserte sich, dass die Luft rein war, und zog Anjy mit sich. Die abendliche Luft war so frisch, dass ein Kopftuch nicht auffallen würde, trotzdem gingen sie eiligen Schrittes an den anderen Marktbesuchern vorbei und begaben sich auf Schleichwegen zu Selias Elternhaus.

»Selia, was …?« Lory erstarb die Frage auf den Lippen, als Selia Anjys Kopftuch herunterzog und das zerschlagene Gesicht entblößte. »Setz dich erst mal hin, Mädchen.« Lory rückte einen Stuhl am Küchentisch zurecht. »Ich hole ein kühles Tuch.« Sie blickte Selia an. »Hast du …?«

»Ich hab Bil zu Sallie geschickt. Sie soll sofort hierherkommen. Ist Dad …?«

Die Vordertür ging auf, und Edwar, Sallie und Bil betraten das Haus. Edwar schwieg, während er zusah, wie Sallie Anjys Verletzungen behandelte, aber seine geballten Fäuste sprachen Bände.

»Dad, wir können nicht zulassen, dass sie …«, begann Selia.

Edwar hob eine Hand und unterbrach sie: »Wir werden es nicht zulassen.« Er saß Anjy gegenüber und sprach sie mit seiner ruhigen, tiefen Stimme an: »Ich weiß, dass es für dich nicht leicht sein kann, darüber zu reden, Anjy. Aber ich muss wissen, wer dich geschlagen hat.«

»Mein Ehemann.« Anjy biss sich auf die Lippe und kämpfte mit den Tränen. »Obi Südwächter.«

Der wütende Aufschrei, der sich in Selias Kehle angestaut hatte, brach sich endlich Bahn.

»Obi hat mehr als fünfzig Winter auf dem Buckel«, sagte Sallie. »Ein Mann seines Alters sollte dem Schöpfer dafür danken, dass er ihn noch einmal mit einer so jungen Frau gesegnet hat, anstatt sich an ihr zu vergreifen.«

»Das ist noch milde ausgedrückt«, warf Lory ein.

»Das Nasenbein ist gebrochen«, sagte Sallie. »Da kann man nicht viel machen, außer kalte Kompressen auflegen, bis die Schwellung abklingt. Ich lege eine Schiene an, damit der Knochen gerade zusammenwächst.« Sie fuhr mit der Hand über Anjys Seite, und das Mädchen zuckte zurück. Sallie wandte sich an Bil. »Geh jetzt nach Hause, Bil. Und du drehst dich um, Edwar.«

Nachdem Bil gegangen war, legte Edwar den Riegel vor. Dann stellte er sich mit verschränkten Armen in die Küchentür und kehrte den Frauen den Rücken zu. Sallie öffnete Anjys Kleid und streifte es ihr ab. Der Körper des Mädchens war mit Blutergüssen übersät, manche frisch, andere halbwegs abgeheilt.

»Bei der Nacht!«, hauchte Lory.

»Keine weiteren Knochenbrüche«, erklärte Sallie, nachdem sie Anjy untersucht hatte. »Was das Mädchen jetzt braucht, ist Ruhe.«

»Sie kann in meinem Bett schlafen«, platzte Selia heraus. Als ihre Eltern sie ansahen, senkte sie den Blick. »Ich übernachte in der Wohnstube.«

Edwar nickte. Die Sonne ging unter, als Sally heimwärts rannte. Lory half Anjy, sich zu waschen und ein Nachthemd anzuziehen. Dann brachte sie ihr die Abendmahlzeit ans Bett. Die anderen aßen schweigend. Edwar hatte eine finstere Miene aufgesetzt, und Selia und ihre

Mutter hüteten sich, ihn zu bedrängen, wenn er in dieser Stimmung war.

Nachdem im ganzen Haus die Lichter gelöscht waren, wälzte sich Selia auf ihrem behelfsmäßigen Nachtlager in der Wohnstube unruhig hin und her. Sie wartete, bis das Schnarchen ihres Vaters durch die Schlafzimmertür zu hören war. Dann stand sie auf und schlüpfte leise in Anjys Kammer.

»Ich dachte schon, du würdest nicht mehr kommen«, sagte Anjy in der Dunkelheit.

»In diesem Bett hab ich genug Unheil angerichtet«, sagte Selia. »Ich will es nicht noch schlimmer machen.«

»Dich trifft nicht die geringste Schuld«, sagte Anjy. »Du hast mich nicht gezwungen, einen fetten alten Mann zu heiraten, der mich verprügelt. Du hast Raddock Fischer nicht an der Nase herumgeführt und ihm vorgegaukelt, du würdest dir was aus ihm machen, woraufhin er glaubte, er hätte einen Anspruch auf deine Hand. Deinetwegen ist Deardra nicht zu einer warmen Schwester geworden. Alles, was sie tat, geschah aus freiem Willen.«

Sie tastete blind nach Selias Hand, bis sie sie gefunden hatte. »Aber du bist in die ungeschützte Nacht hinausgerannt und hast mich vor den Horclingen gerettet.« Sie drückte Selias Hand. »Und du gabst mir das Gefühl, nicht mutterseelenallein zu sein.«

Selia legte ihre Hand über die von Anjy. »Du bist nicht allein. Mein Dad wird sich um diese Geschichte kümmern und alles ins rechte Lot bringen.«

»Nichts kommt ins rechte Lot«, behauptete Anjy. »Großvater lässt nichts durchgehen. Morgen früh taucht er mit Unterstützung hier auf. Er wird ein paar kräftige

Männer mitbringen. Die treten die Tür ein und nehmen mich mit.«

»Dagegen setzen wir uns zur Wehr«, sagte Selia. »Wir finden einen Ausweg, das ist so sicher wie der Sonnenaufgang.«

»Ich habe schon einen Ausweg gefunden«, sagte Anjy. »Wir gehen in die Freien Städte.«

Selia war froh, dass Anjy im Dunkeln ihr Gesicht nicht sehen konnte. »Das kann doch nicht dein Ernst sein!«

»Es war kein Zufall, dass ich heute hierherkam«, sagte Anjy. »Der Kurier ist zwar schon unterwegs, aber in der Karawane befinden sich Wagen mit schweren Lasten. Also kommen sie nur langsam voran. Wenn wir querfeldein laufen und eine Abkürzung nehmen, fangen wir die Karawane auf der Straße ab. Um nach Hause zurückzulaufen, wird es zu spät sein. Kurz vor Sonnige Weide schlägt die Karawane ihr Lager auf, und wir können uns in einem der Wagen verstecken.«

Es war ein aberwitziger Plan, aber das nahm Selia kaum zur Kenntnis. Ein einziges Wort nahm ihre Gedanken gefangen. »Wir?«

»Ich hau auch allein ab, wenn es sein muss. In Tibbets Bach leben nicht mal tausend Menschen. In den Freien Städten wohnen mehrere Hundert Mal so viele, wenn man den Erzählungen der Jongleure Glauben schenken darf. Dort muss es noch mehr warme Schwestern geben.« Abermals drückte Anjy ihre Hand. »Doch ich will gar keine andere haben, wenn die Chance besteht, dass du mit mir kommst.«

Selia schluckte. Nur in ihren Träumen hatte sie solche Worte gehört. »Wir müssen nicht bis ans Ende der Welt laufen, um zusammen zu sein, Anjy. Wir haben nichts verbrochen, das hast du selbst gesagt. Warum sollten wir fortgehen, und die anderen dürfen bleiben?«

»Damit kein anderer unseretwegen leiden muss«, sagte Anjy.

»Und wenn wir diejenigen sind, die zu Schaden kommen?«, fragte Selia. »Mal angenommen, wir stoßen nicht auf die Karawane, bevor die Sonne untergeht. Die Horclinge scheren sich keinen Deut darum, wer im Recht ist und wer im Unrecht.«

»Dein Dad war doch Kurier«, sagte Anjy übergangslos. »Hat er immer noch seinen tragbaren Bannzirkel?«

»Ay«, sagte Selia. »Genügt es dir nicht, meinem Dad die Tochter wegzunehmen? Willst du ihn jetzt auch noch bestehlen?«

Anjy zog ihre Hand zurück, und Selia empfand ein eigenartiges Gefühl der Leere. »Ich nehme dich deinen Eltern nicht weg, Selia. Ich bin nicht wie Obi Südwächter oder Raddock Fischer. Du bist nicht mein Eigentum, genauso wenig, wie du mich besitzt. Ich wünsche mir, dass du mitkommst, aber die Entscheidung liegt bei dir.«

Eine Zeit lang herrschte Schweigen. Dann wurden im Dunkeln Worte geflüstert, so leise, dass sie kaum zu hören waren. »Ich liebe dich, Selia.«

Selia schnürte sich die Kehle zusammen, und sie stieß einen zittrigen Atemzug aus. Blind tastete sie nach Anjys Hand, und nachdem sie sie gefunden hatte, schloss sie ihre Finger darum. »Und ich liebe dich, Anjy. Ich laufe mit dir weg. So weit, wie es sein muss. Ich bitte dich nur, noch ein Weilchen zu warten. Gib meinem Dad Zeit, um die Dinge zu regeln.«

»Eine zweite Chance gibt es für mich nicht, Selia«, sagte Anjy. »Großvater wird mich an den Haaren nach Südwache zurückschleifen. Und dann dafür sorgen, dass ich nie wieder wegkann.«

»Dad ist hier der Sprecher«, sagte Selia. »Er wird ein Treffen einberufen. Die Schmucke Sallie und Bil können als Zeugen aussagen. Der Stadtrat muss sich mit der Angelegenheit beschäftigen. Was auch immer im Kanon über warme Schwestern steht – Männer, die ihre Hand gegen eine Frau erheben, werden strenger verurteilt.«

»Niemand wird sich darum scheren, was der Kanon über solche Kerle sagt.« Anjy klang verbittert, aber sie zog ihre Hand nicht wieder weg.

»Lass es doch einfach darauf ankommen«, bat Selia. »Tue es für dich. Für uns.«

Anjy erwiderte nichts, aber sie zupfte an Selias Hand und zog sie näher zu sich heran. Selia ließ sich von dem Geräusch ihrer Atemzüge leiten, gab acht auf Anjys gebrochene Nase und küsste sie zärtlich auf den Mund.

Als Selia erwachte, war Edwar bereits aus dem Haus gegangen. Lory hatte das Frühstück zubereitet und gab ihr ein Tablett, das sie Anjy bringen sollte.

»Sprecher!«, donnerte eine Stimme vom vorderen Hof her. »Ich bin hier, um meine Enkeltochter abzuholen! Ich weiß, dass sie bei dir im Haus ist!«

Selia linste verstohlen aus dem Fenster. Da stand Jeorje Südwächter, hinter sich ein Aufgebot von mit Speeren bewaffneten Männern. Bei der Nacht! Wie hatten sie so schnell hier sein können? Die Ortschaft Südwache war Meilen entfernt.

»Geh weg vom Fenster«, sagte Lory. Selia drehte sich um und sah, dass ihre Mutter den Speer vom Kaminsims nahm. »Verriegle hinter mir die Tür, Mädchen. Verriegle sämtliche Türen.« Lory trat hinaus auf die Veranda und zog die Tür hinter sich zu.

Selia tat, was die Mutter ihr gesagt hatte, und legte den Riegel vor, obwohl sie bezweifelte, dass das etwas nützen würde. Männer, die entschlossen waren, sich notfalls mit Gewalt an ihrer Mutter vorbeizudrängen und das Haus zu stürmen, würden sich nicht von ein paar Zoll Holz abhalten lassen.

Sie blickte zum hinteren Eingang, dann zu der Tür von Anjys Zimmer. Hatte Jeorje Männer losgeschickt, um den rückwärtigen Teil des Hauses zu beobachten? Falls nicht, dann blieb vielleicht noch Zeit …

»Das sind aber viele Männer, um eine verprügelte junge Frau abzuholen!«, schrie Lory.

Selia presste sich mit dem Rücken an die Wand neben dem Fenster und spähte nach draußen. Es war ein lächerlicher Anblick – die Schulmeisterin des Dorfes hielt einen Trupp bewaffneter Südwächter mit dem alten Kurierspeer ihres Ehemannes in Schach. Aber Lorys resoluter Gesichtsausdruck machte deutlich, dass sie vor nichts zurückschrecken würde.

»Diese Angelegenheit geht dich nichts an, Lory!«, brüllte Jeorje. »Gib den Weg frei!«

»Wenn ein Mann seine Frau schlägt, geht das die ganze Gemeinde etwas an!«, entgegnete Lory. »Das Mädchen ersuchte im Haus des Sprechers um Hilfe, und die haben wir ihr gewährt!«

Jeorje breitete die Hände aus und kam näher. »Wir sind die Familie dieses Mädchens, keine Horclinge, und wir beide wissen, aus welchem Grund Anjy sich in euer Haus geflüchtet hat.«

Lory hob den Speer. »Keinen Schritt weiter, Jeorje!«

Jeorje lächelte und setzte seinen Weg fort. »Gib mir meine Enkeltochter zurück, und wir verlassen sofort dein Grundstück und das Dorf. Du kannst uns nicht aufhalten.«

»Sie kann es vielleicht nicht, aber wir können es!«, hallte Edwars Stimme über den Hof. Selia wagte es, vor das Fenster zu treten, und atmete erleichtert auf, als sie ihren Vater sah, der mit einer Schar Männer auftauchte. Die halbe männliche Einwohnerschaft der umliegenden Weiler schien er zusammengetrommelt zu haben. Stämmige, hünenhafte Holzfäller, die ihre Breitäxte geschultert hatten; Männer von der Strohballen-Familie und der Weide-Sippschaft; Torfstecher mit Böttcher-Hämmern und die Leute von Stadtplatz, die sich mit verschiedenen Werkzeugen und Jagdspeeren ausgerüstet hatten.

Zahlenmäßig waren sie den Südwächtern überlegen, allerdings reichte es nicht aus, um Jeorje den Wind aus den Segeln zu nehmen. Er konnte immer noch für Ärger sorgen. Der Alte wandte sich an Edwar und würdigte Lory keines Blickes mehr. Er wollte etwas sagen, aber Edwar ließ ihn nicht zu Wort kommen.

»Obi Südwächter!« Edwar zeigte auf einen Mann in mittleren Jahren. Er schob eine ausgeprägte Wampe vor sich her, hatte ein pausbäckiges Gesicht und einen angegrauten Bart. »Du wirst beschuldigt, deine Ehefrau geschlagen zu haben! Hast du etwas zu deiner Verteidigung vorzubringen?«

Obi klappte die Kinnlade runter, und er riss verdutzt die Augen auf. »Über die Vorgänge in meinem Haushalt bin ich dir keine Rechenschaft schuldig. In meinem Haus bin ich der Herr!«

»Ach, aber du nimmst dir das Recht heraus, in mein Haus einzudringen?«, donnerte Edwar.

»Du hast keinen Beweis dafür, dass ich meine Frau verprügelt habe!«, empörte sich Obi.

»Wir haben Anjys Aussage.«, rief Edwar.

»Anjys Wort steht gegen das meine.« Obi klang zuversichtlich. »Sie kann sich die Verletzungen zugezogen haben, als sie die Treppe runterfiel.«

»Du wohnst in einer Bauernkate, in der es keine Treppe gibt, auf der man so schwer stürzen könnte«, erklärte Edwar. »Ich wette, wenn wir deine Faust vermessen, dann passt sie genau zu den Blutergüssen.«

Obi hob drohend eine Faust und richtete sie gegen Edwar. »Wenn du meine Faust willst, Edwar, dann kannst du sie haben! Komm her, wenn du dich traust!«

Ohne zu zögern marschierte Edwar auf Obi zu, bis die beiden Männer dicht voreinander standen. »Mit einem Mädchen, das nur halb so viel wiegt wie du, kannst du spielend fertigwerden, Obi. Hast du auch den Mumm, dich mit mir anzulegen?« Er lächelte, reckte das Kinn vor und schloss die Augen. »Du darfst sogar als Erster zuschlagen, Obi. Aber ich schwöre bei der Sonne: Bei diesem einen Treffer bleibt es. Den letzten Schlag in diesem Kampf werde ich landen.«

»Schluss jetzt!« Jeorje hatte nicht mehr die Oberhand, doch deshalb war er nicht weniger gefährlich. Er riss Obi zurück, der ein erleichtertes Gesicht machte. »Dies hier ist keine Gerichtsverhandlung, Sprecher. Du kannst nicht erwarten …«

»Ay, recht hast du«, schnitt Edwar ihm abermals das Wort ab. »Morgen soll der Stadtrat zusammentreten und über diese Sache verhandeln. Du und Obi könnt schon mal überlegen, wie seine Verteidigung aussehen soll.«

Jeorjes zur Schau getragene Gelassenheit fing an zu bröckeln. Er grinste hinterhältig. »Doch das betrifft nicht den Vorwurf, den man meiner Enkeltochter macht.«

Edwar verschränkte die Arme. »Nein, das tut es nicht. Damit befassen wir uns später, wenn die Angelegenheit mit Obi erledigt ist. Es sei denn, du willst dir mit Gewalt Zutritt zu meinem Haus verschaffen, um sie mitzunehmen.«

»Ich kann nicht dulden, dass das Mädchen noch länger in diesem sündigen Haushalt weilt«, krähte Jeorje. »Es spielt keine Rolle, wer hier wen verführt, aber meine Enkelin muss hier raus!«

Ein Raunen ging durch die Dörfler, die auf Edwars Seite standen, und Jeorje, der spürte, dass er einen Nerv getroffen hatte, schmunzelte triumphierend. »Du hast den Leuten wohl nicht die ganze Wahrheit erzählt, Sprecher.«

»Sie kann bei mir wohnen, Edwar«, rief die Schmucke Sallie, ehe Edwar antworten konnte. »In meinem Haus gibt es freie Betten für die Kranken, und der Nasenbeinbruch muss ohnehin noch behandelt werden.« Sie wandte sich an Jeorje. »Von mir aus kannst du Wachen aufstellen, obwohl ich schwer hoffe, dass es nicht nötig sein wird.«

Jeorje verzog das Gesicht als hätte er in eine saure Zitrone gebissen, aber er nickte. »Einverstanden. Aber sie muss sofort zu dir gebracht werden, und ich will es mit eigenen Augen sehen.«

Selia stand sicherheitshalber vor Anjys Tür, als Sallie und die Männer ins Haus kamen, um das Mädchen mitzunehmen. Die Südwächter blieben draußen, bis auf Jeorje, der sie mit seinen Blicken aufspießte. »Weg da, Mädchen! Mach Platz!«

Selia ballte eine Faust, aber Edwar trat zwischen sie und Jeorje. Besänftigend legte er eine Hand auf Selias Schulter. »Vertrau mir. Ich verbürge mich dafür, dass Anjy nichts passiert. Wir regeln das.«

Selia stieß den Atem aus und ließ sich von ihrem Vater zur Seite ziehen. Doch als er die Tür öffnen wollte, war sie von innen verriegelt.

»Anjy!« Er hämmerte laut gegen die Tür. »Ich bin's, Edwar. Du brauchst keine Angst zu haben, Mädchen, keiner wird dir etwas antun. Wir bringen dich nur ins Haus der Familie Schmuck. Sallie wird sich um dich kümmern, während der Stadtrat die Angelegenheit bereinigt.«

Es kam keine Antwort, und Edwar klopfte wieder. »Für Spielchen haben wir keine Zeit! Du befindest dich unter meinem Dach! Ich zähle jetzt bis zehn, und wenn bis dahin die Tür nicht aufgeht, tret ich sie ein!«

»Dad …«, begann Selia. Edwar befahl ihr mit erhobener Hand zu schweigen und fing an zu zählen.

Es tat sich immer noch nichts. Edwar klopfte ein letztes Mal an. »Sowie Sallie befindet, dass es dir besser geht, wirst du im Dorf bleiben und die Kosten für eine neue Tür abarbeiten!« Dann trat er mit voller Wucht gegen die Tür.

Das schwere Holz bebte, doch es hielt stand. Die mit Eisenbeschlägen verstärkte und mit glatt geschliffenen Siegeln versehene Tür war so beschaffen, dass man in dem Raum dahinter wenigstens für kurze Zeit sicher war, sollten Horclinge ins Haus eindringen.

Edwar ließ nicht locker. Selia wusste, wenn ihr Vater sich einmal etwas in den Kopf gesetzt hatte, dann brachte nichts und niemand ihn von seinem Vorhaben ab. Das Beste war, ihn einfach gewähren zu lassen. Immer und immer wieder trat er gegen die Tür und stemmte sich mit der Schulter dagegen. Schließlich half Jeorje ihm. Mit vereinten Kräften zerbrachen sie den Riegel, fielen stolpernd in den Raum hinein und landeten auf der zersplitterten Tür.

Das Bett war leer, das Fenster sperrangelweit aufgerissen, und die Vorhänge bauschten sich in der sanften Brise.

Anjy war fort.

»Wo ist sie?!« Jeorje packte Selia beim Arm. Sie schlug mit der Faust nach ihm, doch er fegte sie beiseite und festigte seinen schmerzhaften Griff.

Jeorje verlor seinen breitkrempigen Hut, als Edwars rechter Haken ihn gegen einen Stützbalken schmetterte. Sofort fing er sich wieder und stürzte sich auf Edwar, wobei er beide Fäuste schützend vor sein Gesicht hielt.

Doch was in Südwache als Faustkampf durchging, war läppisch, verglichen mit der Kampfausbildung eines Milneser Kuriers. Edwar wehrte Jeorjes Hiebe mit seinen Unterarmen ab und ließ ihn dann mit einem Aufwärtshaken zu Boden gehen. Jeorje landete krachend auf dem Rücken und hätte sich bei dem Aufprall um ein Haar die Zunge abgebissen.

»Fass noch einmal meine Tochter an, und du liegst ein paar Monate lang in einem von Sallies Krankenbetten«, drohte Edwar dem Alten.

Jeorje knurrte, aber er breitete beschwichtigend die Hände aus, als er sich aufrappelte. »Ay, Sprecher. Du bist ihr Vater. Du nimmst diese Sache in die Hand. Aber wenn sich meine Enkelin bei Sonnenuntergang nicht in einer sicheren Zuflucht befindet, ziehen wir dich mitsamt deiner ganzen Familie zur Verantwortung.«

Edwar wandte sich an Selia. »Hast du eine Ahnung, wohin sie gegangen sein könnte?«

»Wohin soll sie sich denn flüchten, wenn ihr Ehemann sie schlägt und ihr Großvater diesen Unhold auch noch dafür lobt? Wenn sie nicht mal im Haus des hiesigen Sprechers eine sichere Zuflucht findet?«

»Das ist keine Antwort, Mädchen!«, grollte Jeorje.

Selia setzte eine besorgte Miene auf und spielte die Ängstliche. Sie nötigte sich ein paar Tränen ab, die überraschend leicht flossen. Sie zögerte möglichst lange, um Anjy einen Vorsprung zu verschaffen, ehe sie eine Antwort gab, die in den Ohren der anderen glaubwürdig klang. »Gestern Nacht sagte sie, wenn sie nicht hierbleiben könne, würde sie zum Heiligen Haus laufen. Und Fürsorger Stewart um sichere Zuflucht bitten.«

Jeorje gab einen Grunzlaut von sich und steuerte auf die Tür zu, gefolgt von Edwar und den anderen.

»Geht es dir nicht gut?« Lory legte eine Hand auf Selias Schulter. »Ich mach dir eine Tasse Tee, und dann werden wir beide …«

Selia wich vor der Mutter zurück. »Ich möchte jetzt lieber allein sein, bitte.«

Lory schürzte die Lippen, aber sie nickte und hängte den Speer wieder an den Kaminsims. »Na schön. Ich bin in der Küche, falls du es dir noch anders überlegst.«

Kaum war sie gegangen, da schnappte sich Selia den Speer und eilte in den Stall.

Selia führte das Pferd am Zügel durch die hintere Ausgangspforte, bemüht, möglichst kein Geräusch zu machen. Als sie sich weit genug vom Haus entfernt hatte, saß sie auf und trieb das Tier mit den Fersen an. Einen eigenen Schild besaß sie nicht mehr, deshalb hatte sie den ihres Vaters mitgenommen, außerdem den tragbaren Bannzirkel sowie etwas hastig zusammengerafften Proviant aus der Kühlkammer.

Sie ritt auf der Straße nach Norden, dann nahm sie eine Abkürzung querfeldein und stellte Vermutungen an, welchen Weg eine junge Frau zu Fuß, die unentdeckt bleiben wollte, wohl einschlagen würde. Gegen Mittag merkte sie, dass sie weiter geritten war als Anjy hätte laufen können. Also kehrte sie um und probierte eine neue Route aus. Ebenfalls ohne Ergebnis. Der Nachmittag kam, und während die Sonne langsam auf den Horizont zu wanderte, wuchs Selias Besorgnis. Sollte sie auf der Straße weiter reiten und versuchen, die Karawane des Kuriers zu erreichen, oder ein zweites Mal kehrtmachen und im offenen Gelände nach Anjy suchen?

Anjy hätte hundert Pfade wählen können, wobei einige für einen Reiter nicht passierbar waren. Deshalb blieb Selia auf der Straße, erreichte die Abzweigung nach Sonnige Weide, und schon bald traf sie auf die Karawane.

»Selia!«, rief Jahn, als sie auf das Lager zu ritt. »Was bei der finstersten Nacht tust du hier draußen?«

»Ich bin auf der Suche nach Anjy Südwächter.« Selia schwang sich aus dem Sattel und merkte, dass sie sich die Schenkel wundgeritten hatte. »Ihr Ehemann hat sie verprügelt, und da ist sie fortgelaufen. Sie sagte, sie wolle deine Karawane abfangen, weil sie hofft, in die Freien Städte mitgenommen zu werden.«

»Beim Horc, verflucht noch mal!« Jahn spuckte aus. »Ich hab das Mädchen nicht gesehen.«

Selia blickte auf die Sonne, die gefährlich tief stand. »Sie sagte etwas davon, dass sie sich in einem der Karren verstecken würde.«

Jahns Männer durchsuchten sämtliche Fuhrwerke, aber von Anjy keine Spur. Selia schob wieder einen Fuß in den Steigbügel. »Ich muss sie finden.«

Jahn packte sie bei der Schulter. »Ich lasse dich nicht …« Er unterbrach sich, als Selia ihn wütend anstarrte. »… allein losziehen.«

Selia gab ihm einen Kuss auf die Wange. »Ich wusste, dass ich auf dich zählen kann, Onkel Jahn.«

Jahn schickte ein paar Männer den Weg zurück, den sie hergekommen waren. Er selbst ritt mit Selia auf der Straße weiter. Sie riefen Anjys Namen und forschten im Gestrüpp am Straßenrand nach Anzeichen für einen Pfad.

»Es wird dunkel«, sagte Jahn schließlich. »Wir sollten umkehren.«

»Nicht ohne Anjy«, sagte Selia.

»Vielleicht haben die anderen sie ja gefunden«, meinte Jahn.

»Dann hätten sie uns mit Hornsignalen Bescheid gegeben.«

Jahn widersprach ihr nicht. »Wir helfen dem Mädchen nicht, wenn wir selbst von den Horclingen angegriffen werden, Selia.«

»Von mir aus kannst du ja umkehren«, sagte Selia. »Ich hab Dads Bannzirkel dabei. Mir kann nichts passieren.«

Jahn stieß ein bellendes Lachen aus. »Du glaubst doch wohl nicht, ich lasse Edwars Tochter in der ungeschützten Nacht allein, Bannzirkel hin oder her!«

Sie setzten ihre Suche noch eine Weile fort. Selia brüllte Anjys Nahmen, bis sie heiser war, doch es kam keine Antwort. Zum Schluss griff Jahn nach den Zügeln ihres Pferdes. »Wenn wir nicht sofort unsere Bannzirkel auslegen, überleben wir die Nacht nicht. Und damit ist niemandem gedient. Sollte Anjy angerannt kommen, wenn die Horclinge auftauchen, dann können wir ihr wenigstens eine sichere Zuflucht bieten.«

Selia nickte. Sie biss die Zähne zusammen, um die Tränen zurückzuhalten, fesselte die Beine ihres Pferdes mit einem Strick und legte den Bannzirkel genau so aus, wie ihr Vater es ihr in einem harten Drill beigebracht hatte.

Jahn entzündete ein Feuer. Er bot ihr an, aus seiner Feldflasche zu trinken, und er hatte auch ein wenig Dörrfleisch dabei. »Viel ist es nicht, aber du siehst aus als hättest du den ganzen Tag nichts zwischen die Zähne gekriegt.«

Dankbar nahm Selia die Feldflasche an und trank in gierigen Schlucken daraus. Unterdessen war die Sonne unter den Horizont gewandert, und die Zeit der Dämonen begann.

Es dauerte eine geraume Weile, bis sie in Erscheinung traten. Dämonen tummelten sich am liebsten in der Nähe von menschlichen Behausungen und auf Straßen, die Dörfer miteinander verbanden. Doch Selias und Jahns behelfsmäßiges Lager befand sich ein gutes Stück von jeder Ansiedlung entfernt. Alles wirkte seltsam ruhig, und erst als Selia das Kreischen eines Winddämons hörte, wusste sie, dass die Horclinge anrückten.

Es folgte Geheul aus allen Richtungen. Horclinge, die den Ruf des Winddämons beantworteten oder Jagd auf Beute machten.

Doch dann durchdrang ein Schrei das Lärmen der Horclinge, der Selia das Blut in den Adern gefrieren ließ. Sie erkannte Anjys Stimme.

»Selia …!«, warnte Jahn, doch sie achtete nicht auf ihn. Sie sprang auf die Füße und schnappte sich den Speer und den Schild ihres Vaters. Jahn warf sich herum und wollte sie am Fuß festhalten, doch er griff daneben und knallte mit dem Gesicht voran auf den Boden.

Selia stürmte aus dem Zirkel heraus und lief geräuschlos die Straße entlang.

Sie verließ die Straße, wobei sie sich in erster Linie von ihrem Gehör leiten ließ. Im Mondlicht war die Lücke im Gebüsch kaum zu erkennen. Jedes Rascheln unter ihren Füßen erfüllte sie mit Entsetzen. Die Horclinge konnten im Dunkeln ausgezeichnet sehen, und überhaupt verfügten sie über ungemein scharfe Sinne. Wenn sie erst einmal auf sie aufmerksam wurden, wäre es um sie geschehen.

Was ich mache, ist der helle Wahnsinn, dachte sie. *Ich bringe mich in Lebensgefahr, und ob ich Anjy finde, ist mehr als fraglich.*

Trotzdem rannte sie weiter, folgte Anjys Schreien und dem Gekreisch der Horclinge. Die Dämonen klangen irgendwie … enttäuscht, und als Selia vor sich das Aufblitzen von Magie sah, zügelte sie ihr Tempo und wagte zu hoffen.

Ein Baumdämon umkreiste einen mächtigen Stamm und attackierte einen Bannbereich in Form von bemalten Siegelplatten, die rings um den Baum ausgelegt waren. Jedes Mal, wenn der Horcling mit den Krallen zuschlug, flammte ein greller Blitz auf, und das Licht brachte die Siegel zum Glühen. Selia sah, dass zwischen den einzelnen Platten Lücken klafften. Der Schutz mochte ausreichen, um einen einzelnen Horcling abzuwehren, aber …

Ein tiefes Knurren kündigte einen Felddämon an. Langsam pirschte er sich näher heran, von Anjy und auch dem Baumdämon unbemerkt. Ein Felddämon war im offenen Gelände sehr schnell, doch zwischen den Bäumen war er auf der Hut und bewegte sich mit äußerster Vorsicht. Er beobachtete genau das Aufblitzen der Siegel und erkannte die Lücken im Bannfeld.

Selia hob den Blick und sah Anjy, die zwischen dem Geäst kauerte. Sie bemühte sich, ruhig zu bleiben, aber jedes Mal, wenn der Baumdämon mit seinen knorrigen Pranken die Siegel angriff, stieß sie einen Schrei aus als wäre sie selbst getroffen worden.

Menschliche Schreie sind Musik in den Ohren der Horclinge, hatte Edwar ihr beigebracht. *Dämonen töten alles, was sie finden können, aber sie gieren nach Menschenfleisch.*

Wenn Anjy so weitermachte, war es nur eine Frage der Zeit, bis ihre Schreie weitere Horclinge anlockten.

Abermals schlug der Baumdämon zu. Quietschend schrammten seine Krallen über den Schild aus Magie. Im Nu fand die Bestie eine Schwachstelle in der Barriere, und ein Lichtblitz enthüllte den schmalen Spalt. Die Siegelplatten lagen nicht dicht genug beieinander, und die Wirkungsbereiche überlappten sich nicht.

Mehr Anreiz brauchte der Felddämon nicht. Er duckte sich zum Sprung und überbrückte die Strecke zu dem Baum mit zwei großen Sätzen. Die Vorderbeine und der Kopf durchstießen die Lücke, aber die Schultern passten nicht durch die enge Öffnung, und die Bestie steckte fest.

Aber nicht für lange. Die Klauen gruben sich tief in den Stamm hinein, und Zoll für Zoll zog der Horcling sich durch den Spalt. Oben in der Baumkrone kreischte

Anjy und verriet jedem in der Nähe herumstrolchenden Horcling, wo sie war.

Selia wusste nur eines – sie konnte nicht länger warten. Sie duckte sich, zog den Kopf ein, hielt schützend den runden Schild hoch und stürzte sich auf die Dämonen.

Allein hätte sie niemals die Kraft gehabt, den Dämon von dem Baum wegzuzerren. Doch als sie dem Horcling den Schild in die Seite stieß, flammten die Siegel in einem gleißenden Licht auf. Die Krallen des Dämons wurden aus der Borke gerissen, und die Bestie krachte gegen den Baumdämon, der sich immer noch an der Bannzone zu schaffen machte. Die beiden Horclinge landeten auf dem Boden und streckten alle Viere von sich. Selia trat über die Barriere und bezog in Kampfhaltung Posten vor dem Baum.

»Selia!«, schrie Anjy. »Gepriesen sei der Schöpfer! Wieso bist du hier?«

»Ich hab dich gesucht, du dumme Gans!«, fauchte Selia. »Ich bin kreuz und quer durch die Gemeinde geritten, um dich zu finden. Und jetzt halt die Klappe! Mit deinem Geschrei lockst du noch mehr Horclinge an!«

Anjy ließ sich von ihrem Hochsitz herunter und stellte sich neben Selia, in den Händen einen dicken Ast. »Es tut mir leid. Du hättest mir nicht folgen sollen.«

Selia löste kurz den Blick von den beiden Horclingen, die sich bereits wieder aufrappelten, und sah das Mädchen an. »Ich sagte doch, ich würde mit dir zusammen weglaufen. So weit, wie es sein muss.«

Anjy schluchzte und küsste sie auf die Wange. Dann richtete Selia ihr Augenmerk wieder auf die Dämonen. Mit dem Fuß stieß sie eine Siegelplatte am Boden an. Wie sie erwartet hatte, stürmte der Felddämon auf genau diese Stelle zu, prallte jedoch gegen eine Wand aus Magie. Selia versetzte ihm zusätzlich einen Schlag mit ihrem Schild, und der Horcling wurde erneut zurückgeschleudert.

»Die ganze Nacht lang halte ich das nicht aus«, sagte sie.

»Was können wir sonst tun?«, fragte Anjy.

»Keine halbe Meile von hier sind an der Straße Bannzirkel ausgelegt«, sagte Selia. »Bei der ersten Gelegenheit, die sich ergibt, laufen wir hin. So schnell und so leise, wie es nur geht.«

Anjy nickte, aber die Chance zu entkommen schien immer mehr zu schwinden, vor allem weil sich noch ein zweiter Dämon einfand. Die drei Horclinge umkreisten den Baum, attackierten die Siegel und spürten in ihrer dumpfen Wahrnehmung, wie schwach die Bannzone im Grunde war. Die Lücken vermochten sie nur mit ihren Augen und dem Gefühl nach zu entdecken, deshalb schabten sie mit ihren Krallen über den Bannbereich und forschten nach dunklen Stellen inmitten des flackernden Siegellichts.

Einer der Baumdämonen steckte eine Pranke durch eine dieser Breschen. Hartnäckig stocherte er herum und machte auch dann noch weiter, als Selia auswich und mit ihrem Schild auf seinen Arm einhackte. Baumdämonen waren größer und schwerer als Felddämonen, und nicht einmal die Siegel an dem großen Schild ihres Vaters vermochten gegen diese borkige, massige Pratze etwas auszurichten.

Anjy drosch mit ihrem Ast auf den Arm ein, bis die fuchtelnden Klauen ihn zu fassen kriegten und das Mädchen mit voller Wucht gegen den Stamm schleuderten. Wenigstens hatte sie die Geistesgegenwart, den Ast loszulassen, doch sie verlor das Gleichgewicht, stürzte, und landete auf Händen und Knien direkt vor dem angreifenden Felddämon. Magische Blitze zuckten und wehrten den Horcling vorerst ab, doch just an dieser Stelle gab es eine Lücke. Der Felddämon erkannte sie und steckte sein Maul hindurch. Er fletschte seine messerscharfen Zähne, schnappte nach Anjy und besprühte sie mit seinem stinkenden Speichel.

Selia lief um den Baum herum, weil sie von der anderen Seite her angreifen wollte. Währenddessen wand und krümmte sich der Dämon und vollführte die wildesten Verrenkungen. Er zwängte einen Vorderlauf durch den Spalt und schlug nach Anjy, die sich mit dem Rücken fest gegen den Stamm presste. Der Baumdämon schien eingeklemmt zu sein und kam offenbar weder vor noch zurück. Doch mit seinem langen, astgleichen Arm erreichte er den Stamm, zerkratzte ihn mit den Krallen und schüttelte ihn. Nüsse, Blätter und abgestorbene Zweige prasselten herunter wie Regen.

Der Felddämon hakte sich mit den Krallen in den dicken Baumwurzeln fest und zog sich vorwärts. Er schnappte nach Selia, die ihm ihren Speer in den weit aufgesperrten Rachen rammte, in der Hoffnung, eine verletzliche Stelle zu treffen.

Ihre Hoffnung schien sich zu erfüllen. Der Dämon würgte und zuckte, während er verzweifelt den Rückzug antrat. Die Kiefer klappten zu und durchtrennten den massiven Speerschaft aus Goldholz wie einen dürren Ast. Zu guter Letzt knallte Selia dem Horcling ihren

Schild gegen die Schnauze, und der Schwung war so heftig, dass er aus der Lücke herausflog. Die Bestie landete im Dickicht, wo er eine Weile jaulte und strampelte. Dann schien ihn die Kampfeslust zu verlassen, und er ergriff die Flucht, wobei das vordere Ende des Speers immer noch in seinem Rachen steckte.

Am liebsten hätte Selia gejubelt, aber dieser kleine Sieg half ihnen auch nicht viel weiter. Der eingeklemmte Baumdämon zerfetzte den Stamm wie ein geübter Holzfäller und riss gewaltige Brocken heraus. Es konnte nicht mehr lange dauern, bis der anwachsende Berg aus Holzstücken Anjys Siegel verdeckte oder der ganze Baum umkippte und die Bannzone zerstörte.

Der zweite Baumdämon schlich sich heran, doch urplötzlich knallte etwas gegen seinen Rücken. Man hörte ein Geräusch wie von splitterndem Glas. Verwirrt spähte der Dämon über seine Schulter, dann begann er zu kreischen, als Flammen über seinen ganzen Körper züngelten.

»Selia! Lauf!« Auf dem Rücken trug Jahn einen kurzen Speer, in der Schildhand hielt er eine brennende Fackel. Er schleuderte eine zweite Phiole und traf den Dämon, der immer noch im Bannbereich feststeckte. Als Nächstes nahm er die Fackel in seine Schwerthand, hielt sie an den Dämon und setzte ihn in Brand.

Selia zögerte nicht. Sie ließ den zerbrochenen Speerschaft fallen, packte Anjy bei der Hand und zerrte das Mädchen mit sich, als sie zur Straße zurückhetzte.

Die Augen der Mädchen, die eine ganze Weile dem Siegellicht ausgesetzt waren, brauchten Zeit, um sich an die Dunkelheit des Waldes anzupassen, trotz der Flammen, die hinter ihnen loderten. Sie stolperten. Selia hielt ihren Schild vorgereckt, damit sie nicht gegen irgendein Hindernis prallten.

Einen Moment später holte Jahn sie ein. Mit der hocherhobenen Fackel beleuchtete er den Weg. »Ist nur Lampenöl. Das hält die Biester nicht lange auf. Sie werden sich so lange am Boden wälzen, bis die Flammen erstickt sind. Dann nehmen sie mit doppelter Kraft die Verfolgung auf.«

Die drei rannten so schnell sie nur konnten durch das verfilzte Unterholz. Selia rutschte aus und stieß mit dem Knie gegen eine Wurzel. Sie verbiss sich den Schmerz, kam flugs wieder auf die Füße und lief weiter. Dornige Ranken verfingen sich in Anjys Röcken. Ohne Rücksicht auf Schicklichkeit riss Jahn an dem Stoff, bis er das Mädchen befreite.

Sie erreichten die Straße und steigerten ihr Tempo, bis das Lagerfeuer, die Pferde und die Bannzirkel in Sicht kamen.

Doch das Lager hatte herumstromernde Horclinge angezogen. Ein halbes Dutzend Horclinge versperrte ihnen den Weg zu der sicheren Zuflucht.

Felddämonen rasten auf sie zu. Jahn streckte seinen Schild vor und hielt ihn schräg. »Keilformation!«

Selia wusste, was er meinte. Sie kippte ihren Schild in die andere Richtung, sodass die beiden Schilde eine Spitze bildeten, und Seite an Seite stellten sie sich dem Ansturm entgegen. Siegel flackerten, die Dämonen wurden beiseitegefegt, taumelten und hatten Mühe, auf den Beinen zu bleiben. Ein Flammendämon spuckte sie an, doch der klebrige Feuerspeichel wurde von den Siegeln abgelenkt und erlosch mitten in der Luft. Mit einem Fußtritt beförderte Jahn den Horcling an den Straßenrand, und dann setzten sie zu einem Endspurt an.

Doch kurz bevor sie den rettenden Bannzirkel erreichten, holte einer der Felddämonen sie ein. Seine Zähne bohrten sich in einen Fetzen von Anjys Rock, der hinter ihr auf dem Boden schleifte. Sie stürzte, und ihre Hand löste sich aus Selias Griff.

»Weiterlaufen!« Jahn wirbelte herum und stellte sich den Dämonen entgegen. Er ließ die Fackel los und schnappte sich den Speer, der auf seinem Rücken hing.

Der Kurier trug eine versiegelte Rüstung und war gegen einen Dämonenangriff besser gewappnet als Selia. Aber die hatte nicht all diese Gefahren auf sich genommen, nur um im letzten Moment ihre Freundin im Stich zu lassen. Sie attackierte den Horcling, der immer noch an Anjys Rock zerrte. Mit beiden Händen packte Selia den groben schwarzen Stoff und wickelte ihn um den Kopf des Dämons. Während dessen Kiefer gefesselt waren, beeilte sich Anjy, den Rock auszuziehen.

Dann stand sie nur in ihren knielangen Unterhosen da. Sie schrie auf, als die blindlings rudernden Krallen des Dämons ihren Schenkel aufrissen. Im matten Lichtschein sah man die blutigen Furchen.

Jahn trat nach dem Dämon, warf ihn auf den Rücken und stieß ihm seinen Speer in den ungeschützten Bauch. Die Spitze durchdrang die Schwarte, allerdings nicht tief. Durch den Stoff hörte man sein gedämpftes Kreischen, während er verzweifelt zappelte.

Jahn schleuderte seinen Schild auf den Boden. »Stellt euch auf die Schilde!«

Kurierschilde waren groß und rund und vom Rand bis zur Mitte mit Siegelkreisen versehen. Sie waren so gestaltet, dass sie in einem Augenblick höchster Gefahr als letzte Zuflucht dienen konnten, ein winziger Bannzirkel, in dem eine einzelne, aufrechtstehende Person Schutz fand.

»Und was ist mit dir?«, brüllte Selia.

»Ich habe meine Rüstung!« Jahn zeigte auf ihren Schild. »Verdammt noch mal, Selia, tu ein einziges Mal in deinem Leben das, was man dir sagt!«

Die Dämonen hatten sie umzingelt, und Selia wusste, dass er recht hatte. Sie warf ihren eigenen Schild auf den Boden, half der am ganzen Leib zitternden Anjy auf die Füße und bugsierte sie auf den Schild.

»Ich glaube, ich kann nicht stehen.«

»Du musst aber!« Selia schaffte es gerade noch, auf Jahns Schild zu springen, als ein Felddämon heranraste. Sie musste ihren Rock eng um sich raffen, aber die Siegel hielten und schmetterten den Dämon zurück.

Jahn hatte weniger Glück. Der Flammendämon stürzte sich auf ihn, und die Siegel an seiner Rüstung schleuderten ihn zur Seite. Doch die Wucht des Ansturms brachte ihn aus dem Gleichgewicht. Ein Felddämon, der merkte, dass er taumelte, sprang ihn an. Zwar scheiterte er ebenfalls an den Siegeln, aber jetzt ging Jahn endgültig zu Boden.

Sämtliche Dämonen waren nun bei ihm, kratzten, bissen und schlugen. Seine Rüstung hielt stand, doch das Gewicht des Metalls, die Erschöpfung nach ihrer verzweifelten Flucht und die andauernden Attacken der Horclinge zermürbten ihn. Er quälte sich auf die Beine und stand schwankend da.

»Lauf zu den Bannzirkeln!«, schrie Selia.

Zu abgekämpft um zu widersprechen, schleppte Jahn sich langsam in Richtung des Lagers. Mühsam setzte er einen Fuß vor den anderen, bis er wieder umfiel. Schmutz verklebte jetzt die Siegel seiner Rüstung, und die Dämonenklauen fanden Halt an dem Metall. Eine Kralle fand den Weg in eine Lücke zwischen den Beinplatten und bohrte sich in seine Kniekehle. Jahn brüllte vor Schmerzen.

Aber immer wieder raffte er sich auf und stolperte weiter. Ihm ging es darum, die Horclinge von Selia und Anjy wegzulocken, und auf diese Weise kam er dem Lager immer näher. Schließlich erreichte er den Bannzirkel, ließ sich einfach hinfallen und wälzte sich mit letzter Kraft in die Sicherheit der Bannzone hinein.

Eine Zeit lang tobten die Horclinge sich an der Barriere aus, ehe sie die Lust verloren und sich wieder leichterer Beute zuwandten. Selia wickelte ihren Rock fest um sich und steckte ihn im Gurtband fest, damit der Stoff nicht über den Schildrand hinausragte und sie beide Hände frei hatte.

Sie sah zu Anjy hin, deren Beine von den Knien abwärts nackt waren. Die junge Frau schlotterte vor Angst. Blut quoll aus den Schenkelwunden, sammelte sich zu ihren Füßen und bedeckte die Siegel. Der Schild bot keinen ausreichenden Schutz mehr.

Die Dämonen rochen das Blut und die Ausdünstung von Furcht. Sie ließen Selia und Jahn links liegen und richteten ihre volle Aufmerksamkeit auf Anjy. Während sie um den Schild herumschlichen, knurrten und fauchten sie einander an. Jeder wollte der Erste sein, der seine Zähne in das weiche Fleisch der jungen Frau schlug, wenn sie letztendlich zusammenbrach.

»Selia!«, zischte Jahn aus der Sicherheit seines Bannzirkels, als Selia sich langsam duckte, vom Schild heruntertrat und ihn wieder auf ihren Arm schob.

Anjys Knie knickten unter ihr ein, sie taumelte und kippte vom Schild. Ein Flammendämon stürzte sich auf sie, und Selia kannte kein Halten mehr. Sie schmetterte ihren Schild gegen den Horcling, der inmitten eines Feuerwerks aus magischen Blitzen quer über die Straße segelte.

Sie riss Anjy in die Höhe und stützte sie, während sie mit dem Schild die anderen Dämonen abwehrte.

»Lauf allein weiter!«, schrie Anjy.

»Wir schaffen es! Alles wird gut!«, sagte Selia mit gespielter Zuversicht. »Schön langsam! Heb deinen Schild auf!«

Ein Felddämon sprang herbei, als Anjy sich nach dem blutverschmierten Schild bückte, doch in einem grellen Funkenschauer wurde er zur Seite gefegt.

Selia blickte zu Jahn hin, der einen weiteren versiegelten Stein schleuderte und eine Gruppe aus drei Dämonen auseinandertrieb. »Vergesst den Schild! Nun lauft schon endlich! Los, los!«

»Komm!« Halb trug, halb zerrte Selia Anjy zu dem Bannzirkel. Das Mädchen blutete immer noch stark. Sie hatte die Augen halb geschlossen und bewegte sich schwerfällig.

Wieder stürzte sich ein Felddämon auf Anjy und gierte sichtlich nach dem Blut an ihrem Schenkel. Jahn warf einen Stein, verfehlte jedoch sein Ziel. Selia hatte mehr Erfolg. Mit dem Schild versperrte sie dem Dämon den Weg, dann stemmte sie sich mit der Schulter dagegen und ließ den Dämon in hohem Bogen durch die Luft wirbeln.

Verbissen kämpften sie sich weiter voran. Die rettenden Bannzirkel waren nur noch wenige Schritte entfernt.

Plötzlich zerriss ein gellender Schrei die Nacht, gefolgt von knatternden Schwingen. Ein Winddämon hatte sich Selia so weit genähert, dass ihr sein fauliger Gestank den Atem raubte. Seine ledrige Haut streifte ihr Gesicht, als er seine Krallen in Anjys Körper schlug. Das Mädchen wollte schreien, doch nur ein Schwall Blut strömte aus ihrem Mund.

Ein scharfer Luftstrom brachte Selia ins Wanken, als der Dämon mit den Schwingen klatschte und sich so rasch wieder in die Höhe schraubte, wie er gekommen war. Ohne nachzudenken und obwohl sie taumelte, schlug Selia mit dem Schild nach ihm, und die am Rand eingeritzten Windsiegel trafen das Gelenk, an dem der dünne Schwingenknochen mit der Schulter verbunden war.

Ein knackendes Geräusch ertönte, und die Flugmembran klappte zusammen. Der Dämon stürzte zu Boden und begrub Anjy unter sich. Die Krallen, die sich in den

Rücken gebohrt hatten, ragten aus der Brust des Mädchens heraus.

»Anjy!«, schrie Selia, die durch den weit ausholenden Schlag die Balance verloren hatte und gestürzt war. Sie wollte aufstehen, doch ehe sie auf die Füße kam, hatten die anderen Dämonen sich bereits auf Anjy gestürzt und rissen sie buchstäblich in Stücke. Selia kreischte wie eine Wahnsinnige und reckte den Schild hoch, um sich mitten in das blutige Getümmel zu werfen.

»Selia, verflucht noch mal!« Humpelnd hatte Jahn den Bannzirkel verlassen und packte sie nun beim Arm. »Sie ist tot! Und gleich werden wir beide auch tot sein, wenn wir nicht auf der Stelle in den verdammten Zirkel gehen!«

Selia schluchzte, aber sie stolperte neben Jahn einher, der sie in den Zirkel schleppte. Kaum hatte sie die Barriere überschritten, da sank sie auf die Knie. Ihre Kleidung war mit Anjys Blut durchtränkt.

Hemmungslos schrie sie ihren Schmerz und Kummer hinaus.

Was sie am nächsten Tag fanden, war kaum noch als menschliches Wesen zu erkennen. Nur Knochen, Blut und Kleiderfetzen. Es reichte, um eine kleine Kiste zu füllen, die dann auf einem Scheiterhaufen verbrannt werden konnte, aber die Frau, die Anjy einmal gewesen war, gab es nicht mehr. Sie war ausgelöscht worden, ohne ihr Leben gelebt zu haben. Man hatte ihr keine Chance gegeben.

»Nimm mich mit«, flehte Selia Jahn an. »Ich will in die Freien Städte, und zum Horc mit Tibbets Bach.«

»Bei der Nacht, ich werde nichts dergleichen tun. Du kannst vor deinen Problemen nicht einfach davonlaufen, Selia.« Jahn deutete mit einem Kopfnicken auf die Kiste. »Die holen dich nämlich immer ein.«

Es war schon spät am Tag, als sie in Stadtplatz eintrafen. Selia hatte erwartet, von ihrem Vater angebrüllt zu werden, weil sie diese Torheit begangen hatte, doch er presste sie nur an seine Brust und weinte.

Der Stadtrat war nicht so nachsichtig. Fürsorger Stewart, die Familie Schmuck und die Sprecher aus den anderen Weilern hörten zu, als Jeorje ihre und Anjys Liebe als eine Art Verbrechen darstellte. Selia saß neben ihrem Vater, hielt den Blick gesenkt und war zu erschöpft, um sich zu wehren. Jede Spur von Kampfgeist war aus ihr gewichen. Jetzt hatte sie ja nichts mehr, wofür es sich zu kämpfen lohnte.

»Selias sündiges Verhalten bringt Schande über die ganze Gemeinde. Diese Frau stellt für uns eine Belastung dar«, geiferte Jeorje. »Meine Enkeltochter ist tot, sie wurde ermordet. Selia trägt die Schuld an dieser Greueltat, als hätte sie das Mädchen mit ihren eigenen Händen getötet. Ich fordere eine Bestrafung!«

»Lügen!« Edwar ließ eine Faust auf den Tisch krachen. »Selia hat Anjy nicht nach Stadtplatz verbannt! Selia hat sie nicht gezwungen, einen alten Mann zu heiraten, der sie dann schlug. Selia hat nicht angedroht, sie zu diesem Horcling in Menschengestalt zurückzuschleifen, als sie in ihrer Verzweiflung weglief. Wenn jemand die Schuld an dieser Tragödie trifft, dann nur dich, Jeorje, und Obi. Bindet euch selbst auf dem Marktplatz an einen Pfahl und lasst euch von den Dämonen zerfleischen, wenn ihr nach Sühne schreit!«

Jeorje fletschte die Zähne, sagte jedoch nichts.

»Jeorje hat recht, Edwar«, zeterte Isak. »Wenn Selia nicht gewesen wäre, hätte Deardra …«

»Dämonenscheiße!«, fiel Edwar ihm ins Wort. »Mach Selia nicht für das Verhalten deiner Tochter verantwortlich. Deardra ist erwachsen. Sie wusste, dass sie ein Liebesverhältnis mit einer Frau einging, auf die ihr Bruder ein Auge geworfen hatte. Oder willst du behaupten, Selia hätte deine Tochter verhext? So etwas kommt nur in Jongleurgeschichten vor!«

»Wenn du strenger mit ihr gewesen wärst, sie härter rangenommen hättest …«, legte Isak von Neuem los.

»Was dann?«, brüllte Edwar. »Damit sie vor mir davonläuft, hinaus in die ungeschützte Nacht? So wie Jeorje seine Enkelin zu dieser Verzweiflungstat getrieben hat?«

»Wärst du in deiner Erziehung nicht so lasch gewesen«, mischte sich Angos Sumpfig ein, »wäre sie vielleicht zu dir gekommen, als die Südwächterin sich aus dem Staub machte.«

»Selia kam zu mir.« Jahn, der immer noch seine zerschrammte, verbeulte Rüstung trug, gab eine beeindruckende Erscheinung ab, die den Leuten Respekt abnötigte. »Diese junge Frau mag zwar eigensinnig sein, aber in der ungeschützten Nacht riskierte sie mehrmals ihr Leben, um ihrer Freundin zu helfen. Wenn Opfermut eine Sünde sein soll, wenn so etwas eine Sünderin kennzeichnet, dann habe ich keine einzige Siebenttagspredigt verstanden.«

»Vielleicht hast du wirklich nie begriffen, was im Kanon steht«, spottete Jeorje.

Jahn verschränkte die Arme vor seiner breiten Brust. »Und vielleicht legt der Herzog mehr Wert auf die Salzlieferungen als auf den Handel mit Südwache.«

»Genug damit«, sagte Edwar. »Zurück zu Obis Verfehlung. Ein Mann, der eine Frau schlägt, wird mit zehn Peitschenhieben bestraft. Was sagt der Rat dazu? Wer damit einverstanden ist, hebe seine Hand.«

Neun Hände reckten sich in die Höhe. Allein Jeorje enthielt sich. Er blickte mürrisch drein, aber er nickte. »Ich selbst werde die Strafe vollziehen.« Obi drehte sich verdattert zu ihm um, aber Jeorje bedachte ihn mit einem herausfordernden Blick, als warte er nur auf Widerspruch, und Obi war klug genug zu schweigen. »Und nun lasst uns auf die Angelegenheit mit Selia zurückgekommen, die des Mordes angeklagt ist ...«

»Außer dir klagt keiner sie wegen Mordes an, Südwächter«, höhnte Angos Sumpfig. »Das Mädchen ist kein Unschuldslamm, egal, was der Kurier sagt. Aber nie und nimmer lasse ich zu, dass sie an einen Pfahl gebunden und der Nacht übergeben wird, nur um deine Rachegelüste zu befriedigen, Südwächter.«

Jeorje ballte die Fäuste, und sein Blick wanderte über die anderen Anwesenden. Isak Fischer nickte ihm zu. »Ich bin derselben Meinung wie Angos. Selia ist keine Mörderin, aber eine Strafe hat sie verdient.«

»Blödsinn!«, schimpfte die Schmucke Sallie. »Selia hat nichts Unrechtes getan. Im Gegenteil, sie hat alles versucht, um Anjy zu retten.«

»Ay«, pflichtete ihr Ehemann, Harve, ihr bei.

»Verrätst du uns deine Meinung, Fürsorger?«, fragte Edwar.

Stewert rang die Hände. Er blickte erst Edwar, dann Jahn, dann Jeorje an. Schließlich seufzte er. »Wenn Selia … sich ändert, dann kann der Schöpfer ihr vergeben. Aber sie muss bestraft werden, weil sie falsches Zeugnis ablegte und ihren Schöpfer verspottet hat.«

Bei diesen Worten blickte Selia hoch. »Hättest du Anjy denn eine sichere Zuflucht gewährt? Hätte sie im Heiligen Haus Schutz gefunden?«

Fürsorger Stewert starrte sie missbilligend an. »Jetzt werden wir das wohl nie mehr erfahren, oder, mein Kind?«

»Zehn Peitschenhiebe, genau wie Obi.« Jeorje knallte seinen Kanon auf den Tisch.

»Und was ist mit dir, Jeorje?«, fragte Edwar. »Du warst an dieser Sache genauso beteiligt wie Obi oder Selia. Wirst du ebenfalls zehn Peitschenhiebe akzeptieren?«

Selia merkte, dass Edwar mit Widerspruch gerechnet hatte, aber Jeorje lächelte nur. »Ja. Ich nehme diese Strafe an.«

Edwar blinzelte verdutzt.

»Sind alle dafür?«, wandte sich Jeorje an den Rat, bevor Edwar eine Entgegnung einfiel.

Die Bestrafung fand nicht in der Öffentlichkeit statt. Edwar ließ keinen anderen die Peitsche anrühren, aber er schonte seine Tochter nicht.

Es spielte keine Rolle. Selia spürte keinen einzigen Hieb – sie hatte keine Gefühle mehr.

5

Die Abstimmung

334 NR

Die Charta von Tibbets Bach war ein uraltes Dokument, dessen Ursprung fast bis in die Zeit der Rückkehr zurückreichte. Und bis jetzt hatten die darin festgelegten Gesetze den Frieden in der Gemeinde im Großen und Ganzen gewährleistet. Sie enthielten die Regeln für Abstimmungen, und die schrieben vor, dass jeder, der das Amt eines Sprechers anstrebte, zur Abstimmung unbewaffnet und ohne Rüstung erscheinen musste.

Widerstrebend ließ Selia ihren Speer, den Schild und die Rüstung zu Hause. Sie zog dasselbe Kleid an, das sie seit Jahrzehnten am Tag der Abstimmung trug. Es passte ihr nicht mehr so gut wie früher. Durch den Kampf gegen die Horclinge hatte sie neue Muskeln ausgebildet, und der Stoff spannte an den Armen und über der Brust. Dafür hing er lose um die schmaler gewordene Taille. Ihr einziger Schmuck war eine Halskette aus Flusskieseln, in die Gedankensiegel eingeritzt waren.

Die ganze Gemeinde war auf den Beinen, aus sämtlichen Weilern strebte man nach Stadtplatz. In gedrückter

Stimmung sahen sie Selia an und warfen immer wieder verstohlene Blicke auf Lesa, während sie nervös die Holzkugeln kneteten, die Rusco an alle austeilte. Viele Dörfler hatten sich Gedankensiegel auf die Stirn gemalt. Manche trugen Halsketten wie die von Selia. Man sah Hüte mit versiegelten Hutbändern und mit Siegeln bestickte Kopftücher.

Die Fischer-Sippschaft gab sich streitlustig. Selia erntete zornige Blicke, und über Lesa wurde hämisch gegrinst. Genau wie die Südwächter waren auch die Leute aus Fischweiher mit Waffen angerückt. Selia fragte sich, ob die Situation schon so weit aus dem Ruder gelaufen war, dass es tatsächlich zu einem bewaffneten Kampf kommen würde. So viele Sumpfländer hatte Selia noch nie zuvor in Stadtplatz gesehen. Sie hatte nicht einmal gewusst, dass ihr Weiler dermaßen viele Einwohner hatte. Sie waren schmutzig und mit Schlamm bedeckt. Ihre Mienen wirkten grimmig. Die meisten hielten in einer Hand einen Froschspeer, in der anderen die Abstimmungskugel.

Die Südwächter machten triumphierende Gesichter. Wie lange hatten sie diesen Tag herbeigesehnt? Sie beteten Jeorje geradezu an, und Selia war fest davon überzeugt, dass sie allesamt für ihn stimmen würden. Sicher gab es nicht einen einzigen Abweichler. Jeorje hielt die Charta in die Höhe und stützte sich mit der freien Hand auf seinen Gehstock. Wie immer trug er seinen schweren schwarzen Rock, in den Platten aus versiegeltem Glas eingenäht waren. Auf seinem Gesicht lag das für ihn typische angedeutete Lächeln, als freue er sich auf jeden Versuch, ihm – dem ältesten Mann in der Gemeinde – den Stock wegzunehmen, den er seit fünfzig Jahren benutzte.

Als die Versammlung vollzählig war, ließ Selia Lesa zurück und trat auf das Podium, das man auf dem Marktplatz errichtet hatte. Sie stellte sich an die rechte Seite zu Meada, Coline, Brine, Harral und Jeph. Auf der anderen Seite standen Jeorje, Raddock, Coran und … Rusco. Selia warf ihm wütende Blicke zu, doch der Sprecher der Ortschaft Stadtplatz zuckte bloß gleichmütig mit den Schultern.

»Rusco schließt heimlich Wetten ab, wer die Wahl gewinnt«, sagte Brine. »Demnach steht es zwei zu eins, dass Jeorje den Zeremonialhammer kriegt. Er wär ja schön blöd, wenn er sich auf die Seite der Verlierer stellte.«

»Wenn er sich da mal nicht verrechnet hat«, steuerte Harral bei. »Er wird schön blöd gucken, wenn Jeorje die Hälfte seines Warenbestands vernichten lässt, weil es sündhafte Produkte sind.«

»Ich kenne Rusco«, sagte Meada. »Seine Biervorräte hat er längst irgendwo versteckt, und nachdem Jeorje das Trinken von Bier verboten hat, verkauft er das Zeug zu erhöhten Preisen.«

»Man kann aus allem Profit schlagen«, meinte Jeph. »Und besonders aus menschlichem Leid.«

»Jemand anders soll sich um das Amt des Gemeindesprechers bewerben«, sagte Selia unvermittelt. »Das Wohl dieser Menschen hier ist wichtiger als mein Stolz.«

»Das kann doch nicht dein Ernst sein!« Meada war fassungslos.

»Das ist mein voller Ernst!«, betonte Selia. »Jeph? Ich schlage dich vor.«

Jeph klappte der Kiefer herunter. »Mich?«

»Du bist an diesem Schlamassel schuld«, sagte Selia. »Jetzt wissen die Leute, dass der Kurier dein Sohn ist. Sie haben gesehen, wie stark deine Siegel sind. Vielleicht kannst du diese Wahl gewinnen.«

Jeph schüttelte den Kopf. »Da bin ich mir nicht so sicher, Selia. Manche sagen, ich hätte jede Menge Dreck am Stecken. Die Fischer-Sippe und die Sumpfländer werden ohnehin so abstimmen wie die Südwächter. Außerdem habe ich nicht das Zeug dazu, heute Nacht die Bürgerwehr anzuführen.«

Selias Blick wanderte zu Brine.

»Ay, sieh mich nicht so an. Ich wollte noch nie dieses Amt haben.«

»Ich kann mich nicht bewerben, weil die Leute wissen, dass ich dich im Falle meiner Wahl immer um Rat fragen würde«, sagte Meada, ehe Selia sich an sie wenden konnte. Harral und Coline traten einen Schritt zurück. Der Fürsorger und die Kräutersammlerin wurden allgemein respektiert, doch sie trauten es sich nicht zu, in schwierigen Zeiten die Führung zu übernehmen.

»Wenn du jetzt einen Rückzieher machst, legt man dir das als Schwäche aus«, sagte Jeph. »Die Gemeinde wird dich nicht im Stich lassen, Selia. Verlass dich drauf.«

Der Sprecher von Fischweiher trat in die Mitte des Podiums und stampfte so lange mit seinem Stock auf den Boden, bis die Menge still war. »Die Zeit vergeht, deshalb lasst uns gleich zur Sache kommen. Heute Nacht ist wieder Neumond. Keiner von uns hat vergessen, was letzten Monat passiert ist. Um ein Haar wäre eine Katastrophe über uns hereingebrochen, weil die

Sprecherin Selia ihrer Aufgabe als Anführerin nicht gerecht wurde. Im Moment der höchsten Gefahr hat sie versagt.«

»Ay, eine verdammte Lüge ist das!«, brüllte Brine. »Nur Selia haben wir es zu verdanken, dass nicht die gesamte Gemeinde von Horclingen überrannt wurde!«

»Erzähl das meinen Anverwandten, deren Dorf bis auf die Grundmauern niederbrannte, während ihr nutzlos durch die Wälder geirrt seid!«, schrie Raddock zurück. »Wir hatten einen vollen Monat Zeit, um darüber zu reden«, fuhr Raddock nahtlos fort. »Jeder weiß, warum wir hier sind. Ich beantrage, per Abstimmung der Gemeindesprecherin Selia unser Vertrauen zu entziehen. Fünfzig Jahre lang hat sie immer und immer wieder ihre Unfähigkeit bewiesen, und jetzt, in unserer schwärzesten Stunde, brauchen wir eine neue Führung!«

Nicht zum ersten Mal kam es zu einer solchen Abstimmung. Im Laufe der Jahre hatte Raddock Selia wiederholt den Zeremonialhammer abgenommen. Während der Dürre von 305 NR. Als die Dämonen im Jahre 321 die Getreidefelder abfackelten. Bei der nächsten Abstimmung holte sie sich dann stets den Hammer zurück, nachdem Raddock die Probleme nur noch vergrößert hatte. Dieses Mal lagen die Dinge jedoch anders, darüber war Selia sich im Klaren.

»Ich schlage Jeorje Südwächter als Gemeindesprecher vor!«

Jeder hatte damit gerechnet, und dennoch schlug die Forderung ein wie ein Blitz. Aufgeregtes Getuschel breitete sich in der Menge aus. Früher hatte es ausnahmslos drei Bewerber für das Amt gegeben – Raddock, Jeorje und Selia. In manchen Jahren hatte es zwischen Selia und Raddock ein Kopf-an-Kopf-Rennen gegeben, doch noch nie war der Sprecher von Südwache ein auch nur annähernd ernst zu nehmender Kandidat gewesen.

Nun trat Brine nach vorn. »Ich schlage Selia vor, die bisherige Gemeindesprecherin!« Selia rieb sich die Schläfe, weil sich dort Kopfschmerzen anbahnten.

Ein längeres Schweigen folgte. Schließlich knallte Jeorje seinen Stock auf den Boden und Rusco stellte zwei versiegelte Fässer in die Mitte der Bühne. Auf eines war ein Viereck gemalt, auf das andere ein Stock. Er kippte sie leicht, um den Sprechern zu zeigen, dass sie leer waren, dann verschloss er sie mit Deckeln, in die ein Schlitz eingelassen war, und zog einen Vorhang vor die Fässer, weil die Wahl geheim war.

Selia holte tief Luft. Als Gemeindesprecherin stand es ihr zu, als Erste ihre Stimme abzugeben. Sie begab sich hinter den Vorhang und ließ ihre Kugel in das Fass mit dem Viereck fallen.

Als Nächster kam Jeorje an die Reihe. Als er wieder hinter dem Vorhang hervortrat, umspielte ein grausames Lächeln seine Mundwinkel.

Raddock, Jeph und die übrigen Sprecher gaben nacheinander ihre Stimmen ab. Coline hielt sich sehr lange hinter dem Vorhang auf. Egal, für wen sie stimmte, sie brauchte viel Zeit für ihre Entscheidung.

Die Sprecher zogen sich zurück, als die Dörfler sich in einer Reihe anstellten. An einer Seite stiegen sie auf das Podium, gaben ihre Stimme ab und gingen an der anderen Seite wieder herunter. Es gab mehr als tausend Stimmberechtigte, und nicht alle hatten es eilig. Manch einer hatte Tränen in den Augen, wenn er wieder hinter dem Vorhang hervorkam. Etliche nahmen sich genauso viel Zeit wie Coline.

Die Anspannung wuchs, während die Sonne am Himmel emporkletterte und dann wieder auf den Horizont hinabsank. Endlich war die letzte Stimme abgegeben, und die Auszählung begann, wobei die Sprecher aufpassten, dass alles mit rechten Dingen zuging.

»Fünfhundertsiebenunddreißig Stimmen für Jeorje!«, verkündete Rusco schließlich. »Selia erhält fünfhundertzweiundvierzig!«

Selias Augenbrauen fuhren in die Höhe. War das möglich?

Die Menge, die voll angespannter Erwartung geschwiegen hatte, geriet in Bewegung. Alle riefen durcheinander, bis Jeorje seinen Gehstock auf die Bodenplanken rammte. »Ich habe eintausendneunundfünfzig Leute gezählt, die ihre Stimme abgegeben haben. Aber es gibt eintausendneunundsiebzig Stimmen?«

»Betrug!«, röhrte Raddock.

Und die Speere blitzten.

Auf dem Marktplatz brach ein Chaos aus, wie Tibbets Bach es noch nie gesehen hatte. Alte Fehden, die jahrelang geschwelt hatten und nur mühsam unterdrückt worden waren, weil die Gesellschaft es so verlangte, brachen sich mit Urgewalt Bahn. Jeder Anschein von Zivilisiertheit war plötzlich verflogen.

Stam Schneider wurde von Maddys Vater und ihren Brüdern attackiert. Garric Fischer zerbrach auf Luciks Kopf einen Speer. Als Meada zu ihm eilte, sprang Nomi ihr auf den Rücken, brachte sie zu Fall und zerkratzte ihr das Gesicht. Jeph sprang vom Podium, um Meada zu helfen, aber Mack Weide packte ihn bei den Schultern und schlug ihm ins Gesicht.

Es handelte sich keineswegs um Einzelfälle – im Gegenteil! Hunderte ähnlicher Dramen steigerten sich zu einem Höhepunkt, als jeder gegen jeden kämpfte. Manche Leute hatten Waffen, andere benutzten das, was gerade zur Hand war. Notfalls drosch man mit bloßen Fäusten auf den Gegner ein. Die Fischer-Sippe war es leid, herumkommandiert zu werden. Die Sumpfländer waren es leid, dass die Leute aus den anderen Dörfern Witze über sie rissen.

»Aufhören! Es gab keinen Betrug!«, kreischte Selia in dem fruchtlosen Versuch, den Radau zu übertönen. Falls jemand sie doch gehört hatte, so kümmerte es ihn nicht.

»Zahlen lügen nicht, Selia!«, donnerte Jeorje. »Hast du das bisher auch immer so gemacht? Es ist die einzige Erklärung, wieso eine Sünderin und Mörderin so lange Gemeindesprecherin sein konnte.«

Er hob seinen Stock und steuerte auf sie zu. Selia, die weder Waffe noch Rüstung trug, war auf einen Kampf nicht vorbereitet. Als er sich ihr näherte, wich sie zurück. Waren die Zahlen falsch? Wer wusste schon, wie viele Wähler aus dem Sumpfland gekommen waren? Oder aus Südwache? Sie hatten nur Jeorjes Wort. Hatte er diesen perfiden Plan ausgeheckt in dem Wissen, dass man seine Behauptung nicht nachprüfen konnte?

Brine baute sich schützend vor Selia auf. An die sieben Fuß groß und mit der Statur eines Goldholzbaums, überragte er Jeorje um mehr als Haupteslänge. In seiner kräftigen Pranke wirkte die wuchtige Breitaxt wie ein zierliches Küchenbeil. »Wenn du die Sprecherin angreifen willst, dann musst du dich zuerst mit mir anlegen, Jeorje!«

Jeorje lächelte, dann stürmte er blitzschnell vor. Brine schlug mit der freien Hand nach ihm. Selbst jetzt noch war er nicht bereit, einen Mann mit seiner Waffe niederzumachen. Diesen Umstand nutzte Jeorje aus. Er duckte sich unter Brines Faust weg, fiel ihm in den Rücken und knallte ihm den Griff seines Stocks in die Kniekehle. Brine stieß einen lauten Schmerzensschrei aus, als er einknickte und stolperte. Darauf hatte Jeorje nur gewartet. Er schlug ein zweites Mal mit dem Stock zu und brach Brines Kiefer.

»Bring Coline von hier weg!«, befahl Selia Harral. »Bring so viele Leute wie möglich ins Heilige Haus und verrammle die Türen!«

Benommen stürzte Brine auf das Podium. Jeorje holte zu einem weiteren Schlag aus, aber Selia stürzte sich mit einem Hechtsprung auf ihn und riss ihn mit sich zu Boden. Raddock wollte sie angreifen. Sie sprang auf die Füße und ließ sich gegen ihn prallen. Dann nahm sie ihn in den Schwitzkasten und stieß ihm ihr Knie so heftig in den Bauch, dass ihm die Luft wegblieb. Ehe er sich von dem Schlag erholen konnte, rammte sie ihm das Knie ein zweites Mal in die Weichteile. Und dann noch ein drittes Mal.

Mittlerweile war Jeorje wieder auf die Füße gekommen. Selia wirbelte herum und schleuderte ihm

Raddocks schlaffen Körper entgegen. Das Podium war schmal, und ohne Platz zum Ausweichen gingen die beiden Männer in einem Gewirr aus Armen und Beinen zu Boden.

»Selia!« Zwei Südwächter hatten sich Lesa schnappen wollen. Der eine lag stöhnend auf den Planken, der andere torkelte jaulend davon und hielt sich den gebrochenen Arm. Ohne auf ihre eigene Sicherheit zu achten, warf Lesa Selia ihren Speer zu. Selia fing ihn auf, gerade als Jeorje Raddock beiseitestieß und sich mit Mordlust in den Augen wieder aufrappelte.

»Ladenwächter!«, brüllte Rusco. Seine persönliche Schutztruppe eilte herbei, bewaffnet und gepanzert, eine disziplinierte Einheit inmitten des Chaos. Selia stieß den Atem aus.

»Schützt den Laden!«, schrie Rusco.

»Zum Horc mit dir, Rusco Hog!«, kreischte Selia. In Wahrheit war sie wütend auf sich selbst, weil sie trotz allem immer noch geglaubt hatte, der Kerl besäße einen Funken Anstand. Jetzt begriff sie, dass er stets nur auf sein eigenes Wohl bedacht gewesen war.

In der Tat war Rusco die unbeliebteste Person in ganz Tibbets Bach. Manch einer hegte einen tiefen Groll gegen ihn. Schon rannten Plünderer aus seinem Laden, bepackt mit allem, was sie nur tragen konnten. Catrin jagte einer Gruppe mit einem Nudelholz hinterher, aber in ihrem Haar klebte Blut. Von Dasy, Ruscos anderer Tochter, war nichts zu sehen.

Kleinere Läden rings um den Marktplatz wurden auch nicht verschont. Die Leute rafften gierig alles an sich, was nicht niet- und nagelfest war, während die

Besitzer dieser Geschäfte verzweifelt versuchten, ihre Habe zu retten, soweit sie nicht gegen Jeorjes Männer kämpften.

Die Holzfäller taten ihr Möglichstes, um so etwas wie Ordnung herzustellen, aber sie waren keine disziplinierten Kämpfer, sondern prügelten blindlings drauflos. Selias Bürgerwehr war gut organisiert, doch das war die Miliz von Südwache auch, die jetzt mit vorgereckten Speeren zum Angriff überging.

»Sorge dafür, dass dieser Wahnsinn aufhört! Die Sonne geht schon unter!«, schrie Selia Jeorje zu, der sich an sie heranpirschte.

Doch dann lächelte der Alte, und Selia wusste Bescheid.

Selia wusste, dass es keinen Sinn hatte, Vernunft zu predigen. Sie dachte nicht mehr daran, den Zorn, der in ihr brodelte, zu zügeln. Diese Gemeinde, *ihre* Gemeinde, war in Gefahr. Jetzt galt es zu handeln, und Jeorje stand ihr im Weg. Der Dämon hatte etwas in ihm verändert, als er sich in seinem Geist eingenistet hatte. Was immer es sein mochte, jetzt war Jeorje für alle eine Gefahr, selbst am helllichten Tag.

Sie hob den Speer und griff an.

Mit einem Ruck ließ Jeorje seinen Stock durch die Luft schnellen, fuhr die Speerspitze am unteren Ende aus und verschaffte sich einen festen Stand, um Selias Angriff zu begegnen. Selia packte ihren Speer mit beiden Händen, schlug damit nach Jeorje wie mit einem Fechtstock und drosch von rechts und links auf den Südwächter ein.

Aber Jeorje war ungeheuer flink. Er parierte die Schläge mit dem Griff seines Gehstocks, dann riss er ihn in die Höhe und versuchte, ihr die Spitze ins Herz zu stoßen. Selia spürte, wie die Klinge den Stoff ihres Kleides zerriss und in ihre Brust schnitt, während sie mit einer geschickten Drehung auswich. Sie riss ihren Speerschaft herab, um Jeorje zu Fall zu bringen, doch der Alte hatte diese List vorausgesehen und hüpfte über die Stange wie ein Kind beim Seilspringen. Er drehte sich einmal um die eigene Achse und brach Selia mit einem Ellenbogenstoß das Nasenbein.

Vor Schmerzen wurde ihr schwarz vor Augen. Sie stürzte und blieb gekrümmt liegen, doch es war eine Finte, obschon sie kaum zu schauspielern brauchte. Jeorje fiel auf das Täuschungsmanöver herein und stemmte seinen Stock hoch, um ihr die Klinge in den Rücken zu stoßen. Sobald er seine Deckung aufgab, bäumte sie sich auf und verpasste ihm einen kräftigen Hieb zwischen die Beine.

Aus Jeorjes Kehle entlud sich ein heiserer Schrei, aber er blieb auf den Füßen. Selia schlug ihn noch einmal. Er taumelte rückwärts und hielt schützend eine Hand über seine Leistengegend. Sie wusste, dass sie weiterkämpfen sollte, aber ihr Kopf dröhnte, und sie nutzte die Gelegenheit, um nach ihrem Speer zu greifen und wieder auf die Füße zu kommen.

Als sie sich umblickte, sah sie Keven Sumpfig, der sich an sie heranschlich. Er packte seinen Speer mit beiden Händen, streifte ihn über ihren Kopf, zog den Schaft fest an sich heran und versuchte, sie zu erdrosseln. Derweil rückte Jeorje wieder auf sie zu.

Mit einem gewaltigen Satz sprang Lesa auf das Podium und verpasste Keven einen Tritt gegen das Knie. Selia rammte ihm einen Ellenbogen in die Rippen, und er ließ seinen Speer los. Hastig wich sie ein paar Schritte zurück. Lesa, die einen Speer der Südwächter in den Händen hielt, kehrte Selia den Rücken zu.

Rauch verpestete die Luft. In Stam Schneiders Laden brannte es, und das Feuer drohte sich auszubreiten, während die Schatten länger wurden. Ein paar Leute rannten weg und suchten sich eine sichere Zuflucht, viele ließen sich jedoch von der Dunkelheit erwischen, während sie kämpften oder plünderten. Einige kümmerten sich um Verletzte, andere wiederum lagen besinnungslos am Boden wie der arme Brine. Blut spritzte auf das Kopfsteinpflaster, als die Südwächter und die Bürgerwehr von Stadtplatz aufeinanderprallten. Man hatte Steine aus dem Boden gerissen und wie in einem Mosaik zu einem Großsiegel neu zusammengesetzt. Aber durch die herumliegenden Körper, das Blut und die Trümmer hatte es keinerlei Wirkung mehr, als die Sonne unter den Horizont sank.

»Schlag zu, ohne Rücksicht auf Verluste!« Selia war sich nicht sicher, ob der Befehl ihr selbst galt oder Lesa. Die beiden Frauen hetzten los wie ein perfekt aufeinander eingespieltes Paar. Sie gaben ihre Verteidigungshaltung auf und gingen zum erbarmungslosen Angriff über.

Lesa war schneller und beweglicher als Keven und landete mehr Treffer. Aber Keven war größer, stärker, und konnte mehr einstecken. Außerdem trug er gepanzerte Kleidung. Selia versuchte, ihre fehlende Rüstung durch Schnelligkeit und Wildheit auszugleichen, doch Jeorje war ihr überlegen. Ein tödlicher Hieb gelang ihm nicht, aber die vielen Schläge, mit denen er Selia eindeckte, raubten ihr die Kräfte. Ihre Muskeln schmerzten vor Anstrengung, und einige ihrer Knochen mussten gebrochen sein.

Sie täuschte sogar noch größere Schwäche vor, als sie empfand, und als Jeorje dann zu einem wuchtigen Schlag ausholte, bohrte sie ihm ihren Speer ins Handgelenk, und der Stock fiel ihm aus den Fingern.

Aber er war noch nicht am Ende. Zwar hatte er seinen Stock verloren, doch Selia hatte ihre Deckung aufgegeben und konnte nicht verhindern, dass seine kräftige rechte Hand ihre Kehle umklammerte. Mit einem Tritt fegte er sie von den Füßen und knallte sie dann auf die Planken des Podiums.

»Selia!«, schrie Lesa. Diese Unachtsamkeit genügte Keven, um sie vom Podium zu treten. Sie schlug schwer auf dem Pflaster auf. Er sprang herunter und landete auf ihrem Körper, während Jeorjes Finger zudrückten. Dann nahm er auch noch die linke Hand zu Hilfe. Blut lief in Rinnsalen vom Handgelenk und tropfte auf Selias Brust. Sein Gesicht war eine hasserfüllte Fratze, und zwischen den zusammengebissenen Zähnen sammelte sich schaumiger Speichel.

Selia wehrte sich, zerrte an seinen Armen, aber Jeorje war schwer und sah jeden ihrer Tricks voraus. Sie drosch mit den Fäusten auf ihn ein, doch wegen der in seiner Jacke eingenähten Glasplatten taten ihr die Schläge mehr weh als ihm.

Und die ganze Zeit über drückten diese eisernen Finger immer fester zu. War die Sonne schon untergegangen? Oder wurde ihr schwarz vor Augen?

Plötzlich lockerte sich der Griff. Selia blinzelte, und vor dem Hintergrund flackernder Feuer sah sie, wie Jeorje nach hinten gerissen wurde. Brine der Breite, dessen Kiefer in einem seltsam schiefen Winkel stand, hielt den greisen Südwächter an einem Bein und am Kragen seiner schwarzen Jacke fest. Scheinbar mühelos hob er den Alten in die Höhe und schmiss ihn vom Podium herunter.

Selia hustete und rang nach Luft. Ihr Blick wanderte über den Marktplatz. Viele Leute kämpften immer noch, einige lagen am Boden, und Feuerschein beleuchtete das grausige Bild. Der Himmel hatte sich verfinstert. Die Südwächter, die sich gerade noch mit der Bürgerwehr eine Schlacht geliefert hatten, lösten sich aus dem Getümmel und fingen an, die Häuser rings um den Platz zu verwüsten.

»Beim Schöpfer!«, hauchte Selia. Das war keine blinde Zerstörungswut.

Sie zerstörten ganz gezielt die Siegel.

»Die Siegel!«, brüllte Selia.

»Ay, was hat das zu bedeuten?«, fragte Raddock.

»Die Nacht wird dieses Dorf von der Sünde reinigen!«, röhrte Jeorje. Die anderen Südwächter brachen in Jubelgeschrei aus und stießen ihre Speere in die Luft. Die Angehörigen der Fischer-Sippe sowie die Sumpfländer sahen sich nach ihren Sprechern um.

Jeph hatte Mack Weide in den Schwitzkasten genommen. Er stemmte den älteren Mann in die Höhe und schleuderte ihn gegen den Sprecher von Fischweiher. »Ist es das, was du wolltest? Die Gemeinde spalten, um sie dann den Dämonen zu überlassen?«

»Nee!«, schrie Coran Sumpfig, der sich hinter Kevens Speer und Schild versteckte. »Ich hab nicht gewollt, dass Selia für die ganze Gemeinde spricht, aber deshalb stecken wir noch lange nicht mit den Dämonen unter einer Decke!« Er drehte sich um und starrte Raddock an.

Raddock drückte das Kreuz durch, und in seinen Augen spiegelte sich der Widerschein des Feuers. »Ich hab das auch nicht gewollt. Ich wollte immer nur eines, nämlich, dass man der Fischer-Sippe mit Respekt begegnet.«

»Um das zu erreichen, hast du dich aber mit den falschen Leuten eingelassen, verdammt noch mal!«, fluchte Meada.

»Für solches Gezänk haben wir keine Zeit!«, schimpfte Selia. »Wir müssen die Siegel schützen!«

Keven nickte und sprang vom Podium herunter, um das Kommando über seine Leute zu übernehmen. Raddock nahm die Treppe, doch auch er bückte sich nach einem zerbrochenen Speerschaft, der sich als Knüppel benutzen ließ. Dann legte er eine Hand trichterförmig an den Mund. »Alle mal herhören, Fischerleute! Schützt die Siegel! Schlitzt jeden auf, der euch daran hindern will!«

Selia steckte zwei Finger in den Mund und stieß einen grellen Pfiff aus. Mit einem Satz sprang sie vom Podium, und die versprengten Mitglieder ihrer Bürgerwehr scharten sich um sie, während sie sich in das Kampfgetümmel stürzte. Brine, Mack und Jeph folgten ihr auf dem Fuß.

Selia zog einem Südwächter ihren Speerschaft über den Kopf und fegte seinen mit Stahl verstärkten Hut beiseite. Der Mann kippte um wie ein vom Blitz gefällter Baum. Aus der Nähe konnte sie sehen, dass die Gedankensiegel auf dem Hutrand zerkratzt worden und folglich unwirksam waren.

Jeorjes Kämpfer mussten ihr Zerstörungswerk an den Siegeln aufgeben, um sich selbst zu verteidigen.

Dies war der Moment, in dem die Dämonen auftauchten.

Sie schwärmten auf den Marktplatz. Das behelfsmäßige Großsiegel aus Pflastersteinen war mittlerweile völlig nutzlos. Ganze Herden von Felddämonen überfluteten den freien Platz. Rotten von Baumdämonen, schwerfällig, aber stark wie uralte Goldholzbäume. Flammendämonen tänzelten zwischen den Beinen der gigantischen Felsendämonen, unter deren donnernden Tritten der Boden bebte. Schwärme von Winddämonen kreisten am Himmel.

Und es gab noch andere Dämonen, Horclinge aus Jongleurerzählungen, die man noch nie zuvor in Tibbets Bach gesehen hatte. Höhlendämonen – entsetzliche, gepanzerte Monster, die mit ihren acht langen Beinen so mühelos lotrechte Wände hochhuschen konnte, als liefen sie über ebenen Boden.

Manie Holzfäller hackte einer dieser monströsen Spinnen ein Bein ab. Doch die Pflastersteine unter ihm wölbten sich auf, und er wurde von den Beinen gerissen, als ein Wurm von der Größe eines Wildpferdes inmitten einer Fontäne aus Steinen und Erdreich in die Höhe schoss.

Die Horclinge ließen die Südwächter völlig in Ruhe. Alle anderen jedoch attackierten sie mit großer Wildheit und Präzision.

Selia kämpfte seit nunmehr einem Jahr gegen Horclinge, doch noch nie hatte sie dergleichen erlebt. Dämonen waren Tiere, wie Nachtwölfe. Sie kämpften mit Krallen und Zähnen, griffen an, wenn sie Schwäche spürten, und zogen sich zurück, wenn ihr Opfer erfolgreich Widerstand leistete.

Das hier war anders.

Stam Schneider hob seinen Schild, um zwei Felddämonen abzuwehren. Der eine schlug in der typischen Weise nach den Siegeln, doch Selia erkannte, dass es ein Täuschungsmanöver war. Während Stam mit erhobenem Arm dastand, unterlief der andere Dämon seinen Speer, grub seine Fänge in den Schildarm und durchtrennte den ledernen Haltegurt. Der Schild kippte zur Seite, und gemeinsam fielen die Horclinge über ihre Beute her.

Die in den Lederharnisch eingebrannten Siegel boten einen gewissen Schutz, und Selia schleuderte ihren Speer. Sie erwischte einen der Felddämonen, als dieser nach Stams ungeschütztem Hals schnappte. Verzweifelt wich Stam zurück, doch einer der Höhlendämonen wirbelte herum und bespritzte ihn mit flüssiger Seide. Die zähe Masse bedeckte die Siegel, und dann spann der Dämon ihn ein wie in einen Kokon.

Holzfäller eilten herbei, um Stam zu befreien, doch unter ihren Füßen explodierte das Steinpflaster, und ein weiterer Wurmdämon kam an die Oberfläche. Noch während die Holzfäller zurücktaumelten, fielen ohne Vorwarnung mehrere Winddämonen über sie her. Sie packten die Männer mit ihren Krallen, um sie dann mit kraftvollen Schwingenschlägen in die Höhe zu reißen. Einem der Männer gelang es, mit seiner Breitaxt in eine der ledrigen Flugmembranen zu hacken, aber Selia wusste nicht, ob er sich dadurch rettete oder seinen Tod nur beschleunigte, denn Dämon wie Mensch stürzten ab und schlugen ungebremst auf dem Boden auf.

Der Höhlendämon hatte Stam auf seinem Rücken befestigt und schleppte ihn mit sich fort. Selia griff nach Stams demoliertem Schild und ließ ihn auf den Kopf des zappelnden Felddämons niedersausen, der immer noch an ihrem Speer steckte.

Sie riss die Waffe heraus, und ein Blick in die Runde verriet ihr, dass sich überall auf dem Marktplatz dieselben schaurigen Szenen abspielten. Horclinge stürmten die Gebäude, deren Siegel durch Feuer oder Sabotage zerstört waren. Wenn sie sich verteidigen mussten, töteten sie ihre Angreifer, doch die meisten Bestien waren damit beschäftigt, die Menschen fortzuschleppen, die von den Spinnendämonen in Seide eingesponnen worden waren. Winddämonen krallten sich ihre Opfer vom Boden weg und trugen sie in die Lüfte, überall wurden Menschen bewusstlos geschlagen, ohne sie jedoch zu töten. Die riesigen Würmer versprühten einen tintenschwarzen Nebel, der Siegel wirkungslos machte und Menschen in eine Art Starre versetzte. Dann wickelten sich die Würmer um ihre Beute und zogen sie mit sich in ihre Tunnel hinunter.

Die Dämonen schwärmen aus. Mit Schaudern erinnerte sich Selia an Rennas Worte. *Sie legen neue Stöcke an, und sie brauchen lebendes Futter, um die frisch geschlüpften Königinnen zu ernähren.*

Gab es bereits eine junge Königin in Tibbets Bach? Wenn ja, dann gab es für die Menschen vielleicht gar keine Hoffnung mehr. Aber Selia hatte noch niemals kampflos aufgegeben. Sie schnitt den zerfetzten Ledergurt von Stams Schild und ersetzte ihn durch ihren Gürtel. Der Schild war nicht so schwer wie der ihres Vaters, und sie war nicht an ihn gewöhnt, doch sie fühlte sich ausreichend gewappnet, als sie sich wieder in das Gewühl stürzte.

Die Menschen, die das Dorf verteidigten, kämpften mit den Horclingen um ihr nacktes Überleben. Die Südwächter hatten wieder damit angefangen, die Siegel zu zerstören. Bald würde diese Stellung fallen, und dann würde der Kampf in den anderen Siedlungen weitergehen. Vielleicht konnte nicht einmal das Tageslicht dem irrsinnigen Treiben derjenigen Einhalt gebieten, die fest unter der Kontrolle eines Seelendämons standen.

Die einzige noch verbliebene Zuflucht bot Ruscos Laden. Ruscos Leibgarde war mit Armbrüsten bewaffnet, und die Männer schossen Bolzen auf jeden ab, der dem Laden zu nahkam, egal ob Horcling oder Südwächter.

»Flüchtet euch in Ruscos Laden!« Kämpfer wie Unbeteiligte folgten der Aufforderung und rannten zu dem Gebäude.

»Ay, Selia!«, brüllte Rusco, der sich drinnen verschanzt hatte.

»Schnauze, Rusco!« Selia zielte mit ihrem Speer in die Richtung, aus der die Stimme gekommen war.

Rusco gab keine Antwort, aber er öffnete die Türen zu seiner Taverne und ließ die Leute hinein. Wenig später tauchte er im Türrahmen auf. Seine massige Gestalt steckte in einer Rüstung aus versiegeltem Glas, auf dem Kopf trug er einen dazu passenden Helm und am Arm einen runden Schild.

Statt mit einem Speer hatte er sich mit einem Schmiedehammer bewaffnet, dessen Kopf silbern glitzerte. Ein Felddämon sprang ihn an, doch seine Krallen fanden keinen Halt. Begleitet von einem gewaltigen Donnerkrachen zerschmetterte Rusco den Schädel der Bestie. Einer der Sumpfländer schoss mit seinem Jagdbogen einen Pfeil auf Rusco ab. Die Spitze zersplitterte an der Rüstung. Rusco deutete mit seinem Hammer auf den Mann, und ein Mitglied seiner Leibgarde durchbohrte ihn mit einem Armbrustbolzen.

Nomi Fischer rannte in den Laden und hielt sich mit einer blutigen Hand den Kopf. Im nächsten Moment sah Selia sie schon wieder vorbeilaufen.

Sie war vorgewarnt, als der Mimikrydämon dann zuschlug. Er ließ einen Arm vorschnellen, der sich zu einem Tentakel verlängerte. Das schlangengleiche, mit Hornauswüchsen versehene Ding peitschte auf das Pflaster vor ihnen. Selia und ihre Bürgerwehr rissen die Schilde hoch, um sich vor dem Hagel aus Steinen und Mörtel zu schützen. In diesem Moment, als sie praktisch blind waren, preschten andere Dämonen vor und attackierten sie mit einem Schauer aus Seidenfäden und lähmendem Speichel, mit Krallen und Zähnen.

Selia und Lesa kämpften in ihrer vielfach erprobten Formation. Sie gaben einander Deckung, sodass jeweils eine von ihnen angreifen konnte. Mit einem Fußtritt beförderte Lesa einen Felddämon auf den Rücken, und Selia rammte ihm ihren Speer in den weichen Bauch. Dann nagelte Selia einen Höhlendämon an einen Siegelpfosten, damit Lesa drei seiner acht Beine dicht am Körper abhacken konnte.

Doch der Dämon wehrte sich mit einem Schwall Seide, den er Lesa ins Gesicht spritzte. Lesa gab einen erstickten Schrei von sich und taumelte nach hinten. Selia stieß dem Horcling ihren Speer zwischen die Beißzangen. Die Spitze bohrte sich durch das Maul, spaltete die Schädeldecke und kam zwischen eine Reihe großer schwarzer Augen wieder zum Vorschein.

Lesa hatte ihren Speer und den Schild fallen lassen. Sie lag auf den Knien und zerrte wie wild an den Seidenfäden, die ihr Nase und Mund verklebten. Selia sah, dass sie keine Luft bekam.

Hinter ihren Schild geduckt, ließ Selia den Speer los, der klappernd über das Steinpflaster rollte, dann zog sie Lesas versiegeltes Messer aus deren Gürtel.

»Halt still!« Selia umfasste Lesas Kinn und durchtrennte die Seidenfäden, die ihren Mund bedeckten. Als Selia die Fäden mit einem Ruck abriss, waren sie voller Blut, aber Lesa konnte wieder atmen.

»Ich kann nichts mehr sehen!«, kreischte Lesa. »Mach das Zeug weg!«

Die Seide war mit ihrem Haar und der Haut verschmolzen. Sie zu entfernen würde ungeheuer wehtun, und vermutlich blieben entstellende Narben zurück. Aber es musste sein. Brine und seine Holzfäller hielten gemeinsam mit den Bürgerwehren von Stadtplatz und Torfhügel die Stellung, doch überall wimmelte es von Horclingen, und die würden die Schwäche spüren.

»Hol tief Luft und halte die Augen fest geschlossen.« Selia grub eine Faust in Lesas Haar, das am unteren Rand des Helms hervorquoll, mit der anderen Hand fasste sie in die klebrige Seide. Das Töten der Dämonen hatte sie mit frischer Energie versorgt, und sie strotzte vor Kraft. Mit einem beherzten Ruck riss sie die Spinnenseide, die sich bereits verhärtete, von Lesas Gesicht.

Lesas Schrei erschütterte sie bis ins Mark. Das vom Blut dunkle Gesicht spiegelte den zuckenden Schein des Feuers wider. Selia sah, dass sie zusammen mit der Seide Haare und Hautfetzen abgerissen hatte.

Und auch die stählerne Platte mit dem Gedankensiegel, die an Lesas Lederhelm angenietet gewesen war.

Dann traf Lesas Faustschlag sie mitten ins Gesicht.

»Was hast du dir dabei gedacht?«, brüllte Lesa, als Selia unter der Wucht des Hiebes nach hinten taumelte. »Dass du mich verführen könntest wie dieses Luder aus Südwache, nur dass es dieses Mal gutgehen würde?«

Selia versuchte, das Gleichgewicht wiederzufinden, aber Lesa trat ein Bein unter ihr weg. Hätte Selia sich nicht geistesgegenwärtig mit den Armen abgefangen, wäre sie mit dem Gesicht voran auf das Pflaster gestürzt.

Lesa gab ihr nicht die Möglichkeit, sich wieder aufzurichten. Zuerst verpasste sie ihr einen Tritt in den Bauch, dann hockte sie sich auf ihren Rücken, schob einen Arm unter ihr Kinn und drückte mit der freien Hand gegen ihren Kopf. Selia setzte sich zur Wehr, aber auch Lesa stand unter dem Einfluss der Magie und befand sich im Vorteil.

»Deine Liebe ist ein Fluch, unfruchtbare Selia«, wisperte Lesa heiser. »Jeder, den du liebst, wird vernichtet. Jetzt bin ich ebenfalls Dämonenfutter, so wie deine kostbare Anjy.«

Bei diesen Worten kochte eine unbändige Wut in Selia hoch. Unter Aufbietung all ihrer Kräfte stieß sie sich mit einem Fuß vom Boden ab und wälzte sich und Lesa auf die Seite. Lesa blieb die Luft weg, als sie mit Schwung auf die Pflastersteine krachte, doch sie behielt ihren Würgegriff bei, schlang ihre Beine um Selias Schenkel und klemmte sie fest.

Selia rammte ihre Ellenbogen in Lesas ungeschützte Seiten und spürte, wie eine Rippe brach. Doch solange sie von dem Dämon gesteuert wurde, schien Lesa keinerlei Schmerzen zu empfinden. Selia schlug wild um sich, und Lesa musste ihren Griff ein wenig lockern. Sofort schob Selia ihre Fingerspitzen in die Lücke zwischen ihrem Kinn und Lesas Arm. Lesa konnte ihren Griff wieder festigen, doch Selias Hand blieb unverrückbar an Ort und Stelle. Zwar war Lesa stark, doch ihre Stärke war gepaart mit Kaltblütigkeit. Selias Kraft hingegen entsprang einem glühenden Zorn, der genährt wurde von Emotionen.

Selia schmeckte Blut in ihrem Mund. Zähneknirschend vor Anstrengung versuchte sie, Lesas Arm von ihrer Kehle wegzudrücken. Es gelang ihr tatsächlich. Sie schnappte nach Luft und verdoppelte ihre Bemühungen. Nie und nimmer würde sie noch einen Menschen den Horclingen überlassen. Tibbets Bach durfte nicht einem Dämonenstock zum Opfer fallen. Sie würde kämpfen, kämpfen, KÄMPFEN!

Selia zwängte ihre andere Hand zwischen Lesas Arm und ihr Kinn, und plötzlich gab Lesa nach. Sie ließ Selia los und verpasste ihr einen Tritt. Selia rollte sich ab und stellte sich zitternd auf die Füße. »Das bist nicht du, Lesa. Ich habe auch den Horcling in meinen Gedanken gespürt. Werde wieder du selbst, Lesa. Kämpfe! Leiste Widerstand mit allem, was dir zur Verfügung steht!«

»Dem Prinzen kann man sich nicht widersetzen.« Jeorje tauchte neben Selia auf.

»Wir haben alles verloren.« Triumphierend hielt Lesa Selias Halskette aus Flusskieseln in die Höhe. Die starke Schnur war zerrissen, doch die Steine wurden durch Knoten an ihrem Platz gehalten, und die einzelnen Abstände waren akkurat berechnet. Wenn sie die Halskette wieder in ihren Besitz bringen konnte, gelänge es ihr vielleicht …

Sie wurde aus ihren Überlegungen gerissen, als der Dämon sich ihres Geistes bemächtigte und sämtliche Verteidigungsschranken durchbrach. Wie schon einmal tauchte der Dämon auch jetzt wieder in ihre düstersten Erinnerungen ein – Augenblicke der Scham, des Versagens, der Demütigung und der Schwäche.

Bei Anjy und Renna hatte sie versagt, doch für beide Frauen hatte sie sich mit all ihrer Entschlossenheit und Kraft eingesetzt. An diesen Erinnerungen labte sich der

Dämon, er schwelgte darin, obschon sie mit einer Prise Stolz durchsetzt waren. Aber dann stieß er auf etwas, das noch köstlicher schmeckte.

Heirate mich, hatte Bil ihr vor vielen Jahren vorgeschlagen. *In Tibbets Bach sind warme Brüder genauso arm dran wie warme Schwestern. Das heißt aber nicht, dass wir allein bleiben müssen.*

Und Selia, deren Wille gebrochen war, hatte zugestimmt.

Die Gemeinde feierte diesen Bund, und sogar die Ältesten schienen zufrieden. Das Getuschel hörte auf. Aber Bil interessierte sich nicht für ihren Körper, und er ließ sie kalt. Ein paarmal tauschten sie im Bett lustlose Zärtlichkeiten aus, die Augen geschlossen, und stellten sich in Gedanken der Schöpfer weiß was vor, während sie versuchten, den Akt zu vollziehen und ein Kind zu zeugen. Manchmal klappte es, manchmal nicht, und schließlich gaben sie es einfach auf.

Bil gewöhnte es sich an, stundenlang zu verschwinden. Gelegentlich kam er erst kurz vor dem Dunkelwerden nach Hause. Einmal blieb er die ganze Nacht über fort, und Selia konnte vor Sorge nicht schlafen. Am nächsten Morgen trudelte er wieder ein, ohne ein Wort der Entschuldigung, denn was hätte er schon sagen sollen? Selia fragte ihn nie, bei wem er gewesen war, denn bestimmte Dinge bedurften keiner Erklärung. Sie war nicht dumm, und er wusste, dass sie Bescheid wusste.

Sie nahm es Bil nicht übel, dass er sich einen Liebhaber suchte, obwohl er nichts Besseres fand als heimliche Affären. Aber es wurmte sie, wenn Männer hinter ihrem Rücken kicherten und sie sich fragen musste, ob einer von ihnen ihrem Gemahl beigelegen hatte.

Nicht lange, und die Leute begannen von Neuem zu tuscheln. Dieses Mal benutzten sie einen Begriff, der sie den Rest ihres Lebens verfolgen würde.

Unfruchtbar.

Selia spürte, wie der Dämon sich an diesem Wort erquickte, es gierig in sich einsog wie kühlen Nektar. Dieser Begriff war mit einem Gefühl der Scham und des Selbsthasses verknüpft. Mit Verzweiflung. All diese quälenden Erinnerungen konnte sich der Dämon zunutze machen und gegen sie verwenden. Und durch sie gewann er Macht über das ganze Dorf, über die Leute, deren Sprecherin sie war.

Wie viele Menschen waren dem Gemetzel auf dem Marktplatz entkommen und harrten nun bis zum Morgengrauen an einem sicheren Ort aus? Was würde mit ihnen geschehen, wenn ihre Sprecherin zum Sprachrohr des Bösen würde? Zur Stimme des Horc?

Selia wehrte sich gegen die Macht des Seelendämons, doch ihr Zorn nährte zusätzlich dessen Kraft, und er erhöhte den Druck auf sie. Bei ihrer letzten Begegnung hatte sie erkannt, dass negative Gefühle seine Speise und sein Trank waren.

Aber hatte sie in ihrem Leben wirklich nichts anderes gekannt als Kummer und Schmerz? Ihre Niederlagen waren in den Teppich ihres Schicksals eingewoben, doch sie machten nur einen Teil des Gesamtbildes aus. Selia dachte an ihre Ehe mit Bil und erinnerte sich an Szenen, die der Horclingprinz verabscheute. Wie Bil sie zum Lachen brachte, wie er sie nach einem langen Tag mit frisch gebrühtem Tee verwöhnte. In Gedanken sah sie die wunderschönen, warmen Steppdecken, die ihr Heim geschmückt hatten, und sie empfand noch im Nachhinein Dankbarkeit, weil Bil ihren Haushalt tadellos führte und ihr den Rücken freihielt, damit sie sich um die Belange der Gemeinde kümmern konnte.

Bil war ihr ein guter Ehemann gewesen, und ihre Ehe hatte dreißig Jahre lang gedauert. Sie waren liebevoll miteinander umgegangen, auch wenn sie sich nicht geliebt hatten. Als er dann an Krebs starb, weinte sie bittere Tränen. Nicht wegen einer unerfüllten Ehe, sondern weil sie so viel gemeinsam gehabt hatten.

Selia merkte, wie der Dämon in einer Anwandlung von Ekel zurückschreckte. Er verlor die Kontrolle über sie, und sofort schlug sie in diese Kerbe. Wenn ihre Neigung tatsächlich ein Fluch war, warum fand sie dann immer wieder Menschen, die ihre Liebe erwiderten?

Sie dachte an Deardra – nicht an deren Verrat, sondern an die gemeinsam verbrachten, intimen Stunden, voller Vertrauen und Vertraulichkeiten. Sie hatten verbotene Gefilde erforscht, in der Hoffnung, bei irgendwem auf Verständnis zu stoßen.

Abermals regte sich der Dämon in ihrem Geist, zog sich vor diesen Gedanken zurück und versuchte, ihr wieder Erinnerungen aufzuzwingen, in denen sie sich entehrt und bloßgestellt fühlte.

Doch Selia wollte sich nicht mehr für das schämen, was sie war. Sie wollte keine Entscheidungen mehr bereuen, von denen sie wusste, dass sie richtig waren. Hätte man sie noch einmal vor die Wahl gestellt, hätte sie immer wieder so gehandelt. Stattdessen dachte sie an die leidenschaftlichen Momente, die sie mit Anjy verbracht hatte, und an Lesas ungestüme, wilde Liebe. Sie dachte daran, wie oft sie sich für die Menschen von Tibbets Bach eingesetzt hatte, ihre Probleme löste, angefangen von kleinlichen Streitereien bis hin zu Horclings-Angriffen. Sie konnte stolz auf sich sein, sie hatte ein sinnvolles, befriedigendes Leben geführt, ganz gleich, was Jeorje Südwächter oder der Dämonenprinz ihr einreden wollten.

Jetzt schickte der Dämon sich an, ihren Geist zu verlassen. Mit ihrer Willenskraft und der Fülle an schönen Erinnerungen und Gefühlen, die sie in diesem mentalen Kampf einsetzte wie Speer und Schild, hatte sie ihn besiegt.

Der Seelendämon flüchtete aus ihrem Körper, aber Selia klammerte sich an ihn und ließ sich mitzerren in die Gedankenwelt des Horclingprinzen. Sie spürte seine Panik, als er sie abzuschütteln versuchte, doch er steuerte zu viele Drohnen, um sich auf den Kampf gegen sie konzentrieren zu können. Durch den Geist dieses Dämons vermochte sie auf einmal fremde Gedanken zu lesen, wusste, was in anderen Köpfen vor sich ging, ob in denen der Horclinge oder der Menschen, denn dieser Horclingprinz war mit allen verbunden. Und plötzlich kannte sie auch seinen Aufenthaltsort.

Der Dämon befand sich in unmittelbarer Nähe, hier auf dem Marktplatz. Er verbarg sich hinter einem Schleier aus Magie, aber nun konnte sie ihn sogar sehen, wenn auch nicht mit ihren eigenen Augen, sondern mit der Wahrnehmung ihres Geistes. Der Horcling war klein, kaum fünf Fuß groß. Er hatte einen riesigen Kopf, war feingliedrig gebaut, und seine langen, schmalen Krallen wirkten beinahe graziös.

Die mentalen Verbindungen, die diese Kreatur geknüpft hatte, lösten sich eine nach der anderen auf. Die Drohnen und die Menschen, die der Prinz gesteuert hatte, standen nicht länger unter seinem Einfluss, da er verzweifelt danach trachtete, Selia seinen Willen aufzuzwingen. In diesem Moment sah Selia vor ihrem geistigen Auge das Labyrinth aus Höhlen auf Mack Weides Land, in dem die menschlichen Gefangenen eingesperrt waren und auf die Ankunft der Königin warteten. Noch war es für eine Rettung nicht zu spät.

Doch sie selbst war vielleicht verloren. Mit jeder Drohne, die der Dämon aus seiner Macht entließ, wuchs seine Stärke, schwoll an zu einem Hügel – einem Berg. Der Dämon kämpfte darum, sie unter seine Kontrolle zu zwingen, umklammerte ihren Geist mit seinen mentalen Krallen und zerquetschte ihn allmählich. Ihr dämmerte die Erkenntnis, dass sie in diesem Kampf unterliegen würde, und diese Angst diente ihm als Labsal.

Ich reiße deine Schädeldecke auf und mache aus deinem Geist einen Festschmaus, kündigte er in Gedanken an.

Doch urplötzlich stieß die Klinge von Jeorjes Gehstock durch die Brust des Prinzen. Dann war Lesa da und hieb mit ihren gepanzerten Fäusten auf den kegelförmigen Kopf des Horclings ein.

Einen kurzen Augenblick lang fühlte Selia sich befreit, doch sie wusste, dass ihre Tortur damit nicht zu Ende war. Sie wusste, dass selbst schwerste Verletzungen nicht ausreichten, um einen so mächtigen Dämon zu töten. Hastig bückte sie sich nach der zerrissenen Kette aus Flusskieseln, die Lesa fallengelassen hatte. Und kaum schlossen sich ihre Hände um die mit Gedankensiegeln versehenen Steine, floh der Dämon endgültig aus ihren Gedanken.

Aber nur, um sich gleich darauf Jeorje und Lesa zuzuwenden. Die beiden erstarrten, als der Dämon sie erneut ins Visier nahm, doch Selia vereitelte seinen Versuch, sich in ihre Köpfe einzuschleichen. Sie holte mit der Kette aus wie mit einer Peitschenschnur und knallte sie dem Prinzen ins Gesicht. Die Siegel flammten auf und lenkten die Aufmerksamkeit des Horclings von seinen Opfern ab.

Abermals befreit vom Einfluss des Prinzen, riss Jeorje seinen Stock aus dessen Körper. Blitzschnell drehte er seine Waffe um und ließ den mit Schlagsiegeln verstärkten Griff auf den wulstigen Kopf niedersausen. Lesa setzte ihre Prügelattacken fort, während Selia ihre Kette um den dürren Hals des Horclings wickelte und sie zuzog wie eine Würgeschlinge.

Der Dämon hob eine Kralle und zeichnete ein Siegel in die Luft, das die anderen zurückschmetterte. Aber Selia hatte sich die Schnur der Kette um die Hände gewickelt und zog weiter. Sie ließ sich auf den Boden fallen und versuchte, den Horcling mit sich zu reißen.

Doch anstatt umzufallen, blähte sich das Ungeheuer auf und schwoll an zu der Größe eines Baumdämons. Selia wurde in die Höhe gezerrt, bis ihre Füße in der Luft baumelten. Die Kordel grub sich schmerzhaft in ihre Hände, während die Siegel immer hellere Blitze sprühten. Mit seinen Krallen zerfetzte der Horcling ihren Körper, und dann stürmten sämtliche Dämonen aus der Umgebung in ihre Richtung, bestrebt, ihren Herrn und Gebieter zu beschützen.

Aber sie kamen zu spät, denn Jeorje und Lesa waren zur Stelle. Während sie dem Dämon ihren Speer ins Herz rammte, zertrümmerte er dem Horclingsprinzen mit der Spitze seines Stockes den Schädel.

Der Horcling gab einen seltsam erstickten Schrei von sich, der als Echo in dem aufbrandenden Gekreisch der Drohnen widerhallte. Der Prinz sackte in sich zusammen, und dann schien eine Schockwelle durch die anderen Horclinge zu laufen. Sie kippten um und blieben in gekrümmter Haltung liegen wie tote Fliegen auf einem Fensterbrett.

Schlagartig herrschte Ruhe auf dem Marktplatz. Außer dem Prasseln der Flammen und dem Stöhnen der Verwundeten war nichts zu hören.

Jeorje wandte sich Selia zu, in der Faust seinen Gehstock mit der Dolchspitze, die beinahe glühte vor Magie und mit schwarzem Schleim bedeckt war.

Selia stand vom Boden auf und straffte die Schultern. Sie trug weder eine Waffe noch eine Rüstung. Sollte Jeorje sie angreifen, konnte sie nicht mit Hilfe der anderen rechnen. Sie waren zu weit entfernt, um rechtzeitig eingreifen zu können.

Und sie war zu Tode erschöpft.

»Denkst du immer noch, ich hätte dieser Gemeinde nur Schande bereitet?«

Jeorjes und ihre Blicke trafen sich. Der alte Südwächter ließ seinen Stock in den Händen kreisen. »Ich hatte immer angenommen, der Horc hätte dich berührt.«

»Jetzt hast du diese Berührung ja am eigenen Leib erfahren«, sagte Selia. »Hat der Dämon dir den Wunsch eingepflanzt, einen anderen Mann zu lieben?«

Jeorje funkelte sie wütend an, aber er senkte seinen Stock. »Ich vergebe dir nicht, was du Anjy angetan hast.«

Selia stemmte die Hände in die Hüften. »Und ich vergebe dir auch nichts.«

»Ay, das ist nur recht und billig. Aber ich habe nie gewollt …« Mit einer Handbewegung deutete Jeorje auf den verwüsteten Marktplatz, der mit menschlichen Leichen und toten Horclingen übersät war.

»Das hat keiner von uns gewollt«, pflichtete Selia ihm bei. »Es war die Stimme des Dämons, der aus uns sprach. Aber jetzt zeigen wir Schulterschluss und halten zusammen. Wir löschen die Brände und retten die Leute, die in dem Stock gefangen gehalten werden. Vielleicht können wir dann vergessen, was heute passiert ist.«

Jeorje blickte zum Podium. »Hast du bei der Abstimmung betrogen?«

Selia sah ihm in die Augen, als er sich wieder ihr zuwandte. »Nein.«

»Ay.« Rusco gesellte sich zu ihnen. Seine Rüstung war mit Menschen- und Dämonenblut besudelt, doch er machte ein verlegenes Gesicht. »Ich war das. Selia hatte nichts damit zu tun.«

»Zum Horc mit dir, Rusco!«, fluchte Selia.

Rusco zuckte die Achseln. »Wenn er gewonnen hätte, Sprecherin, wäre ich sein nächstes Opfer geworden.«

»Recht hat er«, gab Jeorje zu. »Aber das ist jetzt nicht mehr von Belang. Der Horcling hat mit uns gespielt wie auf einer Fiedel. Er hat mich hierhergeschickt, um Streit anzuzetteln. Und einen Vorwand zum Kämpfen hätten wir immer gefunden.«

Jeorjes Blick huschte zu Lesa, deren blutverschmiertes Gesicht in Selias Augen noch immer wunderschön war. »Wird das so weitergehen mit euch beiden?«

Selia verschränkte die Arme. »Ay.«

»Das ist so sicher wie der Sonnenaufgang«, trumpfte Lesa auf.

»Ich verurteile das nach wie vor!«

»Das kümmert uns nicht«, sagte Selia.

Jeorje nickte. »Dann sollten wir einfach so weitermachen wie bisher.«

»Nein«, widersprach Selia. »Es wird Zeit, dass wir es besser machen.«

Grimoire der Siegel

Einführung

Siegel sind magische Symbole, deren Ursprung im Laufe der Zeit in Vergessenheit geriet. Lange hielt man sie für eine Art Aberglauben, doch ihre Macht wurde wiederentdeckt, als die dämonischen Horclinge nach einer Abwesenheit von mehreren Tausend Jahren zurückkehrten und die Welt heimsuchten.

Die Siegel allein besitzen keine Macht. Aber die Dämonen sind angefüllt mit Horc-Magie, und Siegel saugen einen Teil davon ab, um die so gewonnene Energie gegen die Horclinge einzusetzen. Die gängigsten Siegel sind Schutzsiegel, sie dienen der Verteidigung und Abwehr, doch es gibt auch ein paar Schutzzeichen mit einer anderen Wirkung, und theoretisch kann man für jeden Zweck ein Siegel herstellen, um ein bestimmtes Ergebnis zu erzielen. Erst vor Kurzem entdeckten die Menschen Angriffssiegel, mit denen man Dämonen tatsächlich Schaden zufügen kann, ein höchst bedeutsamer Fund, da Horclinge gegen herkömmliche Waffen nahezu immun sind und sich von fast jeder Verletzung sehr schnell wieder erholen.

Schutzsiegel

Schutzsiegel saugen Magie aus den Dämonen, um eine Barriere, einen Bannbereich, zu bilden, welche die Horclinge nicht durchdringen können. Siegel wirken am stärksten, wenn sie gegen die spezielle Dämonenart verwendet werden, für die sie bestimmt sind, und meistens benutzt man sie zusammen mit anderen Siegeln in Schutzkreisen. Wird solch ein Zirkel aktiviert, werden sämtliche Dämonen mit Gewalt aus seinem Wirkungsbereich vertrieben. Beispiele:

Schutzsiegel gegen: Lehmdämonen
Erstmalig erwähnt in: *Der große Basar*

Beschreibung: Lehmdämonen sind beheimatet in den von der Sonne ausgedorrten Lehmebenen am Rande der Krasianischen Wüste. Vom Körperbau her gleichen sie einem Hund mittlerer Größe, sie verfügen über kräftige Muskeln und sind durch dicke, überlappende Panzerschuppen geschützt. Ihre kurzen, harten Krallen ermöglichen es ihnen, fast jede Felswand hinaufzuklettern und sogar kopfüber unter einem Vorsprung zu hängen. Dank ihrer orange-braunen Färbung können sie, für einen Betrachter unsichtbar, mit einer Lehmziegelmauer oder einer Lehmfläche verschmelzen. Der stumpfe Kopf eines Lehmdämons ist so hart und widerstandsfähig, dass er nahezu jedes Material zertrümmern kann, er spaltet sogar Stein und zerbeult dünnen Stahl.

Schutzsiegel gegen: Flammendämonen
Erstmalig erwähnt in: *Das Lied der Dunkelheit*
Beschreibung: Flammendämonen besitzen Augen, Nüstern und Mäuler, die in einem trüben orangefarbenen Licht glühen. Sie sind die kleinsten Dämonen, ihre Körpermaße variieren zwischen der Größe eines Kaninchens bis zu der eines kleinen Jungen. Wie alle Dämonen sind sie bewehrt mit langen, gebogenen Krallen und Reihen rasiermesserscharfer Zähne. Ihre Panzerung besteht aus starren, spitzen Schuppen, die einander überlappen. Flammendämonen können in kurzen Stößen Feuer spucken. Ihr feuriger Speichel brennt intensiv, sobald er mit Luft in Kontakt kommt, und kann fast jede Substanz entzünden, sogar Metall und Stein.

Schutzsiegel gegen: Mimikry-Dämonen
Erstmalig erwähnt in: *Das Flüstern der Nacht*
Beschreibung: Mimikry-Dämonen sind die Elite-Leibwächter der Seelendämonen (Horcling-Prinzen), und man hält sie für die intelligentesten und mächtigsten Dämonen, die nur noch von den Prinzen selbst übertroffen werden. Ihre natürliche Form ist nicht bekannt, aber sie sind imstande, die Gestalt eines jeden Lebewesens anzunehmen, einschließlich anderer Dämonenarten, und sie können sogar die Kleidung und Ausrüstungsgegenstände der Menschen imitieren. Diesen Dämonen mangelt es jedoch an Kreativität und Fantasie, deshalb beschränken sie sich normalerweise darauf, sich in Kreaturen zu verwandeln, denen sie selbst begegnet sind (es sei denn, ein Seelendämon leitet sie an). Einer ihrer Lieblingstricks besteht darin, einen verletzten Menschen zu mimen und Qualen vorzutäuschen, um die Beute, auf die sie es abgesehen haben, zu unvorsichtigen Handlungen zu verleiten.

Schutzsiegel gegen: Seelendämonen
Erstmalig erwähnt in: *Das Flüstern der Nacht*
Beschreibung: Seelendämonen, auch als Horcling-Prinzen bekannt, sind die Generäle und Strategen der Dämonen. Körperlich sind sie schwach, und ihnen fehlt fast gänzlich die physische Panzerung, die die anderen Horclinge so unangreifbar macht, dafür besitzen sie ungeheure mentale und magische Kräfte. Sie können in den Verstand eines Menschen eindringen und ihn kontrollieren, sich telepathisch verständigen und kraft ihrer Gedanken töten. Indem sie Siegel in die Luft zeichnen und sie mit der ihnen innewohnenden Magie befrachten, können sie nahezu jede von ihnen gewollte Wirkung erzielen. Die anderen Horclinge, ob groß oder klein, befolgen ohne zu zögern jeden mentalen Befehl, den die Seelendämonen ihnen erteilen, und um ihre Gebieter zu schützen, opfern sie bereitwillig ihr Leben. Da selbst reflektiertes Sonnenlicht ihnen schadet, steigen die Horcling-Prinzen nur in den drei Nächten der Neumondphase an die Oberfläche, wenn die Dunkelheit am tiefsten ist.

Schutzsiegel gegen: Felsendämonen
Erstmalig erwähnt in: *Das Lied der Dunkelheit*
Beschreibung: Felsendämonen sind die Giganten unter den Horclingen, und ihre Größe reicht von sechs bis zwanzig Fuß. Diese ungeschlachten Kolosse gleichen Bergen aus Sehnen und scharfen Kanten, und ihre wuchtigen schwarzen Panzer sind mit knochigen Auswüchsen und Buckeln übersät. Sie bewegen sich in gebeugter Haltung auf zwei mit Klauen bewehrten Füßen, ihre langen, knorrigen Arme enden in Pranken, deren Krallen so groß sind wie Schlachtermesser, und im Maul sitzen mehrere Reihen dolchähnlicher Zähne. Keine bekannte physische Kraft kann einem Felsendämon etwas anhaben.

Schutzsiegel gegen: Sanddämonen
Erstmalig erwähnt in: *Das Lied der Dunkelheit*
Beschreibung: Sanddämonen sind mit den Felsendämonen verwandt, allerdings haben sie kleinere und wendigere Körper. Dennoch gehören sie zu den kräftigsten und am stärksten gepanzerten Horclingen. Ihr Schutzkleid aus winzigen, scharfen Schuppen ist von schmutzig gelber Farbe und bietet im körnigen Sand die perfekte Tarnung. Sie laufen auf vier Beinen. Reihen aus in Segmente gegliederten Zähnen ragen aus den Kiefern hervor wie eine Schnauze, während die schlitzförmigen Nüstern weit hinten liegen, direkt unter den großen, lidlosen Augen. Mächtige, von der Stirn ausgehende Knochenwülste schwingen sich in einem Bogen hoch über den Kopf und durchbrechen als spitze Hörner die geschuppte Haut. Sie zucken unablässig mit den Brauen, um ihre Augen frei von dem Sand zu halten, den der ewig wehende Wüstenwind vor sich hertreibt. Sanddämonen jagen in Rudeln.

Schutzsiegel gegen: Schneedämonen
Erstmalig erwähnt in: *Brayans Gold*
Beschreibung: Schneedämonen gleichen von ihrer Gestalt her den Flammendämonen. Sie kommen vor in den kalten Regionen des Nordens und im Hochgebirge. Durch ihr gänzlich weißes Schuppenkleid sind sie im Schnee nicht zu erkennen, und die Flüssigkeit, die sie spucken, ist von so niedriger Temperatur, dass alles, worauf sie trifft, sofort gefriert, noch ehe sie verdunsten kann. Stahl, der mit Frostspeichel in Berührung kommt, wird mitunter so spröde, dass er zerbricht.

Schutzsiegel gegen: Sumpfdämonen

Erstmalig erwähnt in: *Das Lied der Dunkelheit*

Beschreibung: Sumpfdämonen findet man in Sümpfen und im Marschland. Es handelt sich um eine amphibische Form von Baumdämonen, die sowohl im Wasser als auch in den Bäumen zu Hause sind. Sumpfdämonen haben ein grün und braun geflecktes Äußeres, das es ihnen ermöglicht, völlig in ihrer Umgebung aufzugehen. Oftmals verstecken sie sich im Schlamm oder flachen Gewässern, um auf Beute zu lauern. Sie spucken einen dicken, klebrigen Schleim, der jedes organische Material verwesen lässt.

Schutzsiegel gegen: Wasserdämonen

Erstmalig erwähnt in: *Das Lied der Dunkelheit*; tauchen erstmalig auf in: *Das Flüstern der Nacht*

Beschreibung: Wasserdämonen variieren von der Größe her, und man bekommt sie nur selten zu Gesicht. Ihre Körper sind lang und schmal, Hände und Füße besitzen Schwimmhäute und sind mit scharfen Krallen versehen. Atmen können sie nur unter Wasser, aber für kurze Zeit können sie auftauchen. Wasserdämonen können sehr schnell schwimmen und fressen gern Fisch, obwohl ihre Lieblingsbeute warmblütige Säugetiere sind, besonders Menschen, die die Kühnheit besitzen, nachts in einem Boot unterwegs zu sein.

Schutzsiegel gegen: Winddämonen

Erstmalig erwähnt in: *Das Lied der Dunkelheit*

Beschreibung: Winddämonen haben eine Schulterhöhe, die ungefähr der Größe eines hochgewachsenen Mannes entspricht, aber die aus dem Kopf sprießenden rippenähnlichen Fortsätze ragen noch einmal acht bis neun Fuß in die Höhe. Ihre kräftigen, langen Schnauzen gleichen Schnäbeln, doch darin verbergen sich Reihen von fingerdicken Zähnen. Ihre Haut ist ein zäher, elastischer Panzer, an dem jede Speer- oder Pfeilspitze abprallt. Diese widerstandsfähige Substanz reicht als dünnere Membran von den Flanken bis an die Unterseiten der Arme und bildet die Flughaut. Die ausgestreckten Schwingen erreichen manchmal die dreifache Größe des Körpers, und an den Gelenken sitzen bösartige, gebogene Krallen, mit denen ein Winddämon im Sturzflug einem Mann den Kopf abtrennen kann. Auf dem Boden bewegen sich Winddämonen langsam und tollpatschig, doch in der Luft beweisen sie eine beachtliche Geschicklichkeit; sie können aus dem Sturzflug heraus angreifen und die Richtung ändern, ehe sie mit dem Boden in Berührung kommen, und so ihre Beute mitnehmen.

Schutzsiegel gegen: Baumdämonen
Erstmalig erwähnt in: *Das Lied der Dunkelheit*
Beschreibung: Baumdämonen hausen in Wäldern. Nach den Felsendämonen sind sie die größten und stärksten Horclinge, und wenn sie sich auf den Hinterbeinen aufrichten, messen sie fünf bis zehn Fuß. Sie besitzen kurze, muskulöse Hintergliedmaßen und lange, sehnige Arme, die sich vortrefflich zum Erklettern von Bäumen und dem Springen von einem Ast zum anderen eignen. Ihre kleinen, aber kräftigen Krallen durchbohren mühelos selbst die dickste Borke. Ihre Panzerung gleicht von der Struktur und Farbe her Baumrinde, und sie haben große, schwarze Augen. Normales Feuer vermag Baumdämonen nichts anzuhaben, doch sie verbrennen schnell, wenn man sie in Kontakt mit Substanzen bringt, die eine stärkere Hitze entwickeln, wie Magnesium oder Feuerspeichel. Baumdämonen töten unverzüglich jeden Flammendämon, den sie sehen, und zum Jagen bilden sie oftmals Gruppen, die auch Rotten genannt werden.

Kampfsiegel

Kampfsiegel saugen Magie von einem Dämon ab, schwächen an der Kontaktstelle seinen Schutzpanzer und formen die gewonnene Energie in eine offensive Kraft um. Diese Kraft kann auf unterschiedliche Weise wirken. Einige Beispiele:

Kampfsiegel: Stoß/Schlag

Erstmalig erwähnt in: *Das Lied der Dunkelheit*

Beschreibung: Dieses Siegel verwandelt die Horcling-Magie in eine Kraft, die die Wucht eines Aufpralls oder einer Erschütterung verstärkt. Je heftiger der ursprüngliche Hieb geführt wurde, umso mehr Energie wird zurückgeworfen. Dieses Siegel kann auf jeder stumpfen Waffe angebracht werden.

Kampfsiegel: Schneiden
Erstmalig erwähnt in: *Das Lied der Dunkelheit*
Beschreibung: Ritzt man dieses Siegel in eine Klinge ein, wird diese schärfer, und die Waffe zerschneidet glatt den Panzer und das Fleisch eines Horclings.

Kampfsiegel: Druck

Erstmalig erwähnt in: *Das Lied der Dunkelheit*

Beschreibung: Von Drucksiegeln geht eine gewaltige Presskraft mit einer immensen Hitzeentwicklung aus. Diese Energie verstärkt sich, je länger das Siegel in Kontakt mit einem Dämon bleibt. Der Tätowierte Mann hat in jede Handfläche eines dieser Siegel eintätowiert, und im Buch wird beschrieben, wie er damit den Kopf eines Dämons zusammendrückt, bis der Schädel platzt.

Andere Siegel

Man kennt viele Siegel, von denen man nicht weiß, wozu sie dienen, denn irgendwann im Lauf der Zeit geriet ihre Bedeutung in Vergessenheit. Um sie zu testen, muss man sie mit einem Dämon in Kontakt bringen, und verständlicherweise mangelt es an Freiwilligen, die bereit wären, auf diesem Gebiet zu forschen. Ein paar Beispiele: